AF283469

Testeo y verificación de equipos y periféricos microinformáticos

Antonio Luís Cardador Cabello

Testeo y verificación de equipos y periféricos microinformáticos
© Antonio Luís Cardador Cabello

1ª Edición

© IC Editorial, 2025

Editado por: IC Editorial
c/ Cueva de Viera, 2, Local 3
Centro Negocios CADI
29200 Antequera (Málaga)
Teléfono: 952 70 60 04
Fax: 952 84 55 03
Correo electrónico: iceditorial@iceditorial.com
Internet: www.iceditorial.com

ISBN: 978-84-1184-889-3
Depósito Legal: MA 897-2025

Impresión: PODiPrint
Impreso en Andalucía – España

Nota de la editorial: IC Editorial pertenece a Innovación y Cualificación S. L.

Presentación del manual

El **Certificado de Profesionalidad** es el instrumento de acreditación, en el ámbito de la Administración laboral, de las cualificaciones profesionales del Catálogo Nacional de Cualificaciones Profesionales adquiridas a través de procesos formativos o del proceso de reconocimiento de la experiencia laboral y de vías no formales de formación.

El elemento mínimo acreditable es la **Unidad de Competencia.** La suma de las acreditaciones de las unidades de competencia conforma la acreditación de la competencia general.

Una **Unidad de Competencia** se define como una agrupación de tareas productivas específica que realiza el profesional. Las diferentes unidades de competencia de un certificado de profesionalidad conforman la **Competencia General,** definiendo el conjunto de conocimientos y capacidades que permiten el ejercicio de una actividad profesional determinada.

Cada **Unidad de Competencia** lleva asociado un **Módulo Formativo,** donde se describe la formación necesaria para adquirir esa **Unidad de Competencia,** pudiendo dividirse en **Unidades Formativas.**

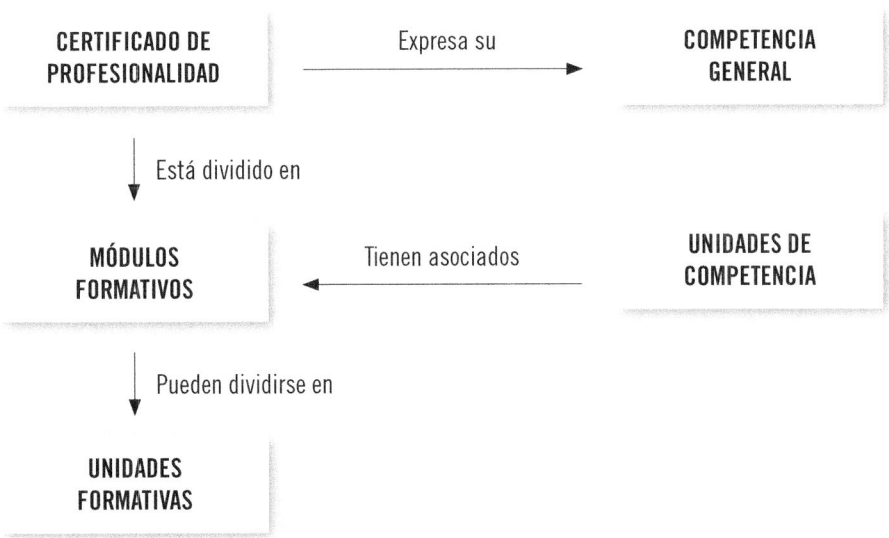

El presente manual desarrolla la Unidad Formativa **UF0466: Testeo y Verificación de Equipos y periféricos microinformáticos,**

perteneciente al Módulo Formativo **MF1207_1: Operaciones auxiliares de montaje de componentes informáticos,**

asociado a la unidad de competencia **UC1207_1: Realizar operaciones auxiliares de montaje de equipos microinformáticos,**

del Certificado de Profesionalidad **Operaciones auxiliares de montaje y mantenimiento de sistemas microinformáticos**

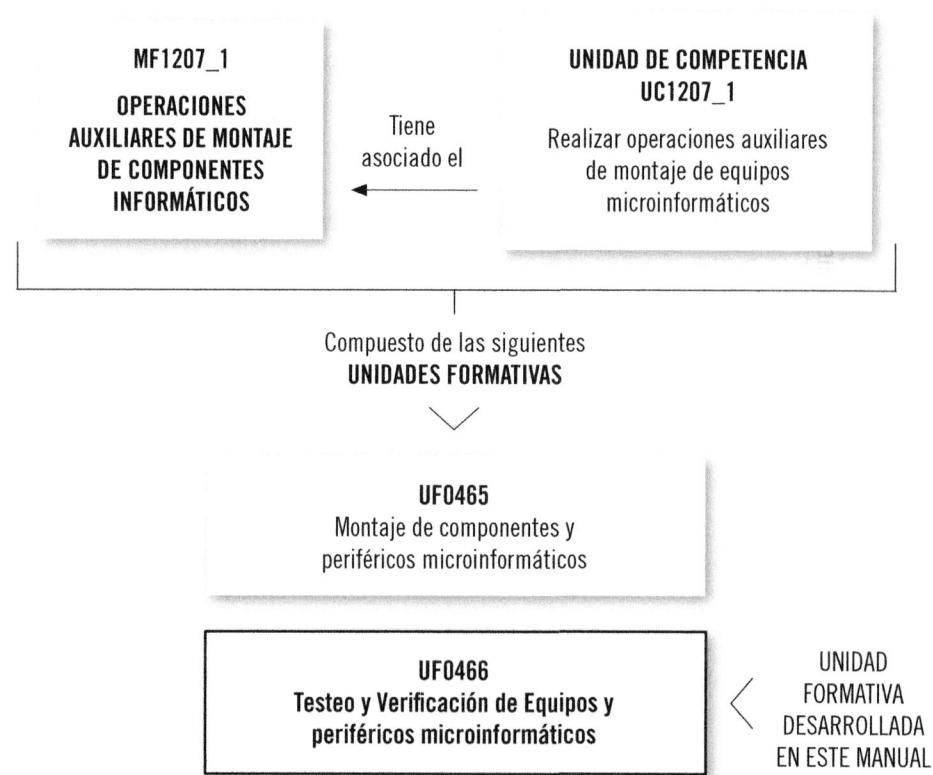

FICHA DE CERTIFICADO DE PROFESIONALIDAD

(IFCT0108) OPERACIONES AUXILIARES DE MONTAJE Y MANTENIMIENTO DE SISTEMAS MICROINFORMÁTICOS (R. D. 1218/2009, de 17 de julio)

COMPETENCIA GENERAL: Realizar operaciones auxiliares de montaje y mantenimiento de equipos microinformáticos y periféricos, bajo la supervisión de un responsable, aplicando criterios de calidad y actuando en condiciones de seguridad y respeto al medio ambiente, siguiendo instrucciones y procedimientos establecidos.

Cualificación profesional de referencia		Unidades de competencia	Ocupaciones o puestos de trabajo relacionados:
IFC361_1 OPERACIONES AUXILIARES DE MONTAJE Y MANTENIMIENTO DE SISTEMAS MICROINFORMÁTICOS (R. D. 1701/2007, de 14 de diciembre)	UC1207_1	Realizar operaciones auxiliares de montaje de equipos microinformáticos	• Operario en montaje de equipos microinformáticos • Operario en mantenimiento de sistemas microinformáticos
	UC1208_1	Realizar operaciones auxiliares de mantenimiento de sistemas microinformáticos	
	UC1209_1	Realizar operaciones auxiliares con tecnologías de la información y la comunicación	

Correspondiencia con el Catálogo Modular de Formación Profesional

Módulos certificado	Unidades formativas	Horas U.F.
MF1207_1: Operaciones auxiliares de montaje de componentes informáticos	UF0465: Montaje de componentes y periféricos microinformáticos	90
	UF0466: Testeo y Verificación de Equipos y periféricos microinformáticos	40
MF1208_1: Operaciones auxiliares de mantenimiento de sistemas microinformáticos		70
MF1209_1: Operaciones auxiliares con tecnologías de la información y la comunicación		90
MP0098: Módulo de prácticas profesionales no laborales		80

Índice

Capítulo 1

Herramientas de testeo de sistemas microinformáticos

Contenido

1. Introducción

En este capítulo se estudiarán los componentes *hardware* de un sistema microinformático para su montaje desde un nivel básico y para su mantenimiento a lo largo del tiempo.

Se clasificarán los distintos elementos *hardware* que componen el sistema microinformático y su misión principal. Una vez asimilados estos conceptos se observará cómo se montan estos componentes, cómo se testean para verificar que están correctamente instalados y cómo se realiza su mantenimiento.

Se aprenderá como se conectan las distintas partes *hardware* de un sistema microinformático para que todo funcione correctamente.

Finalmente, se abordará el proceso de encendido y "post" de un sistema microinformático para identificar los posibles problemas que se pueden encontrar durante dicho proceso.

2. Testeo de los distintos elementos a aplicar en los procesos de montaje o sustitución

Para el proceso de montaje así como el de sustitución o mantenimiento de un sistema informático se usarán documentos de referencia llamados guías técnicas.

2.1. Guías técnicas

Para realizar correctamente los procedimientos de montaje y sustitución habrá que revisar los siguientes conceptos:

- Componentes que forman el sistema informático.
- Función de cada elemento en el sistema informático.
- Características principales del componente.
- Conexión de los elementos en el sistema informático.
- Averías o anomalías más comunes de los componentes.

Todo lo anterior se debe realizar en una ubicación (área de trabajo) y con un instrumental determinado.

Área de trabajo

Es el elemento principal. Debe ser una mesa amplia para poder disponer de todos los componentes *hardware* sobre la misma e ir acoplándolos en los pasos correspondientes según se necesiten. Es muy importante anotar que dicha mesa no sea metálica, ya que podría provocar descargas eléctricas sobre los componentes del sistema.

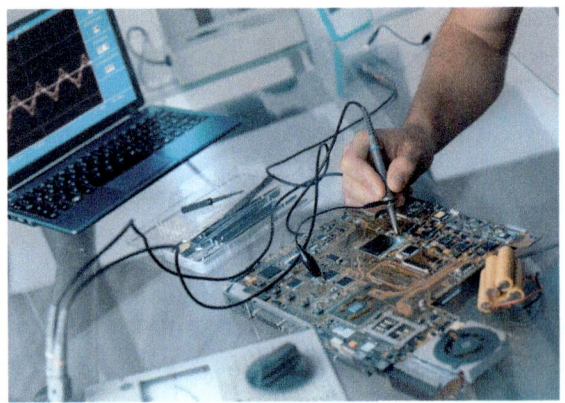

Entorno de trabajo para la reparación de sistemas informáticos

Sería bueno disponer de una buena iluminación, dado que se tendrán que atornillar componentes y conectar cables con esto facilitará la labor. Disponer de un flexo que se pueda mover libremente y apuntar a la zona de trabajo sería un elemento clave para realizar el trabajo.

 **Importante**

También hay que tener en cuenta que disponer de destornilladores (bien manuales bien eléctricos) va a ser indispensable para el cometido.

Es recomendable, en la medida que sea posible, tener una silla cómoda y regulable en altura.

Además, si se va a manipular algún componente informático, sería muy recomendable aislarse de él para no dañarlo, para ello se dispone de guantes que son conocidos con el nombre de **guantes antiestáticos.**

Es muy importante que durante el proceso de montaje o sustitución del sistema microinformático no se tenga ningún componente conectado a la red eléctrica, tanto por seguridad como por no dañar los componentes que integran el sistema microinformático.

Vista el área de trabajo, se estudiará la función de cada componente su montaje y su sustitución/mantenimiento.

Caja o torre

Este elemento va a ser el encargado de albergar en su estructura metálica al resto de dispositivos *hardware* que van a componer en sí el sistema informático. A él se conectarán dispositivos *hardware* tales como: fuente de alimentación, placa base, unidades de lectoras, etc.

Caja, torre y los distintos elementos

1. Ventilador
2. Fuente de alimentación
3. Placa base
4. Procesador
5. Disco duro
6. Tarjeta gráfica
7. Memoria (RAM)
8. Unidades de Cd

Componentes de un sistema informático portátil

Si lo que se realiza es un ensamblaje nuevo del equipo se tendrá que tener en cuenta que la caja o torre que se ha adquirido es compatible con el resto de piezas que componen el sistema. De la misma forma, a la hora de una sustitución o mantenimiento de esta pieza se comprobará que la torre adquirida es compatible también con el resto de componentes que ya se tienen.

En la parte delantera se instalarán dispositivos de lectura o grabación (**CD** o **DVD,** dispositivos que están actualmente en desuso por la aparición de los SSD) discos duros (HDD o SSD), lectoras de tarjetas de memoria y ampliación de puertos (tales como **USB,** sonido y micrófono, etc.). La parte central de la caja o torre será donde se atornille la placa base. En la parte trasera, arriba del todo, va colocada la fuente de alimentación. La parte del medio se usará para los puertos **PS/2, USB, LAN,** etc., y de abajo para conectar accesorios normalmente a los puertos **PCI** o **PCI-Express.**

La fuente de alimentación

Este dispositivo *hardware* se va a encargar de suministrar la energía suficiente y necesaria para que el sistema pueda funcionar correctamente. También es capaz de evacuar el calor que desprenden los componentes del sistema microinformático cuando están en funcionamiento (mejora el rendimiento y vida de los mismos).

Fuente de alimentación

Este dispositivo suele suministrarse junto a la caja o torre. Si se procede al montaje de la fuente de alimentación, simplemente se deberá atornillar a la estructura de anclaje. Para sustituirla se desconectarán todos los cables de las distintas partes del sistema (tanto por dentro como por fuera, es decir, de la corriente del exterior) y se desatornillará de la estructura para extraerla y colocar una nueva fuente de alimentación.

A la hora de escoger una fuente de alimentación es recomendable considerar varios aspectos:

- **Tipo o estándar:** se pueden encontrar fuentes de alimentación del tipo **AT, ATX.** Lo ideal es que sean del mismo estándar caja y fuente. El más aconsejable es el ATX.
- **Potencia:** se define como la capacidad suministradora de energía a otros dispositivos. Este aspecto es fundamental para que todos los componentes del equipo puedan recibir la energía o suministro necesarios para su funcionamiento.

Placa base / placa madre

Es uno de los componentes esenciales, dado que a él se conectan el resto de elementos y va a ser el encargado de que todo funcione correctamente. Como en las fuentes, se disponen de varios estándares de placas base, con lo que el resto de componentes deberán ser compatibles con ella.

Los elementos más importantes que se encuentran en la placa base son:

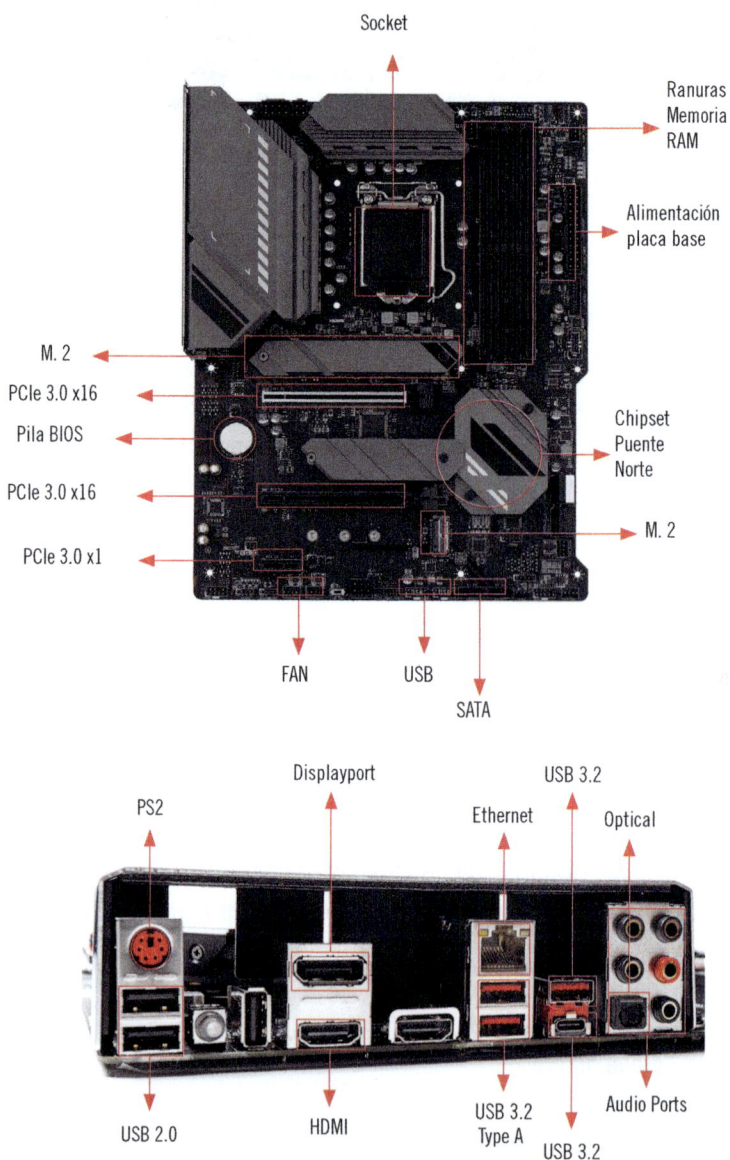

■ **Alimentación placa base.** Es fundamental para que todos los componentes del ordenador funcionen correctamente. La placa base recibe energía de la fuente de alimentación a través de varios conectores, la distribuye y regula para asegurar que todos los componentes conectados reciban la energía adecuada para funcionar.

- **Ranuras de memoria RAM.** Son los lugares donde se insertan los módulos de memoria RAM *(Random Access Memory)*. Las ranuras de memoria RAM en una placa base son cruciales para la instalación y funcionamiento de los módulos de RAM, que son vitales para el rendimiento y la capacidad de multitarea del ordenador.

- **Chipset Puente Norte**. Parte esencial de la arquitectura de una placa base, encargada de gestionar y coordinar las operaciones de alta velocidad entre el procesador (CPU) y otros componentes cruciales. El puente norte se encarga de gestionar la comunicación entre el CPU, la memoria RAM, y la tarjeta gráfica (GPU). Es responsable de las transferencias de datos de alta velocidad y la gestión del rendimiento general del sistema. Además gestiona la comunicación de alta velocidad entre el CPU, la memoria RAM y la GPU, asegurando que el sistema funcione de manera eficiente.

- **SATA.** Interfaz de alta velocidad utilizada para conectar dispositivos de almacenamiento como discos duros, unidades de estado sólido (SSD) y unidades ópticas a la placa base de un ordenador.

- **M.2.** Es una interfaz y factor de forma para conectar dispositivos de almacenamiento, como unidades de estado sólido (SSD), a la placa base de un ordenador. Estos dispositivos suelen usar dos protocolos de comunicación o bien SATA o bien NVMe*(Non-VolatileMemory Express)*.

- **USB** *(Universal Serial Bus)* es un estándar de conexión para transmitir datos y suministrar energía entre dispositivos y ordenadores. Actualmente se cuenta con las siguientes versiones y velocidades:

  - USB 1.0 y 1.1. Con velocidades de hasta 12 Mbps.
  - USB 2.0. Con hasta 480 Mbps.
  - USB 3.0 y 3.1. Hasta 5 Gpbs y 10 Gbps respectivamente.
  - USB 3.2 y USB4. Hasta 20 Gpbs y 40 Gbps respectivamente.

- **FAN.** Comúnmente conocido como ventilador de la CPU o sistema, es un componente crucial para la refrigeración del ordenador. Su principal objetivo es disipar el calor generado por el procesador (CPU) y otros componentes críticos, manteniendo una temperatura operativa segura y evitando el sobrecalentamiento.

- **PCIe 3.0** *(PeripheralComponentInterconnect Express 3.0)*. Es una interfaz de alta velocidad utilizada para conectar componentes como tarjetas gráficas, unidades SSD y otros periféricos a la placa base de un ordenador. Su función es la de permitir la comunicación rápida y eficiente entre la placa base y los dispositivos conectados a ella. Ofrece velocidades de hasta 8 GT/s y dispone de múltiples carriles (x1, x4, x18 y x16); es usada principalmente para tarjetas gráficas, SSDsNVMe, tarjetas de red y otros dispositivos.

- **Alimentación CPU.** La cual proviene de la fuente de alimentación y es un conector de 4,8 o 8+4 pines que suministra energía directa a la CPU.

- *Socket.* El *socket* proporciona la interfaz mecánica y eléctrica entre el CPU y la placa base, permitiendo la comunicación y el suministro de energía al procesador. Cada tipo de CPU tiene un *socket* específico, por lo que es crucial que el *socket* de la placa base sea compatible con el procesador que se desea instalar.

- **PS2.** Es un tipo de puerto utilizado para conectar dispositivos de entrada como teclados y ratones.

- **Ethernet.** Es una tecnología de red utilizada para conectar dispositivos dentro de una red local (LAN).

- **Optical.** Generalmente se refiere al puerto de salida de audio óptico, también conocido como **S/PDIF** *(Sony/Philips Digital Interface)*.

- **HDMI** *(High-Definition Multimedia Interface)* es un estándar de conexión que transmite audio y video de alta definición a través de un solo cable.

- **Display Port.** Es un estándar de conexión en placas base y tarjetas gráficas para transmitir vídeo y audio de alta calidad. Se usa para conectar monitores y pantallas a la placa base o tarjeta gráfica, permitiendo la transmisión de video en alta definición y audio digital.

- **BIOS** *(Basic Input Output System)*. Es un *firmware* esencial en la placa base que inicia el ordenador y gestiona el *hardware* básico, como el teclado y el disco duro, antes de cargar el sistema operativo. Se encarga de la configuración del sistema y el arranque del equipo.

- **Pila BIOS.** También conocida como batería CMOS, mantiene la configuración del sistema y la hora del reloj en la placa base cuando el ordenador está apagado. Es una batería pequeña, generalmente de tipo CR2032, que alimenta el *chip* CMOS que almacena estos ajustes.

Nota

No todas las placas toleran todos los micros y no todos los micros toleran todas las placas.

Normalmente la placa base se ajusta a una de las paredes de la caja o torre, es muy importante que esté aislada eléctricamente, ya que de no ser así, si se dañara, también estropearía el resto de los componentes del equipo.

Al realizar un montaje de una placa, se atornillará a la caja (pero aislándola de esta) y a ella se conectarán el resto de componentes.

Cuando se trate de una sustitución, primero se desconectarán todos los elementos de la placa para proceder a su desatornillado respecto a la caja, procediendo así a su extracción. A continuación se sacarán el resto de componentes que se van a colocar en la placa de sustitución: microprocesador, memoria, tarjetas **PCI,** etc., y una vez realizado el cambio se atornillará a la caja para después conectar los cables al resto de unidades

Nota

Una avería en la placa base es un hecho muy problemático, dado que implica tener que abarcar a todo el sistema informático para su reparación.

El microprocesador

El microprocesador es el cerebro del sistema. Está encargado de realizar las operaciones de cálculo y de control del equipo, dando para ello órdenes que deben cumplir el resto de componentes del sistema microinformático.

Vista frontal

Es importante a la hora de adquirir un microprocesador fijarse en el zócalo *(socket)* que soporta la placa base para adquirir uno igual, asegurándose un buen anclaje entre el micro y la placa base. Si se observa el microprocesador por debajo se encuentran los contactos o patillas que son las que se encajan en el zócalo de la placa base para que hagan un buen contacto.

Normalmente, los microprocesadores suelen venir con una memoria **caché** que es mucho más cara y rápida que la memoria **RAM.** Se instala junto al micro con el objeto de que sea este el que utilice la memoria **caché** para trabajar a mayor velocidad con los datos.

Actualmente existen microprocesadores de 32bits y de 64bits. Los de 64bits pueden manejar más memoria RAM que los de 32bits, ofreciendo mayor eficiencia y estabilidad que estos, pero son más caros.

Dadas las altas temperaturas que alcanzan los componentes del microprocesador, es necesario dotar al sistema de un ventilador que disipe el calor que se genera con el objeto de que no llegue a quemarse.

Memoria RAM

Esta memoria va a servir para almacenar datos temporalmente y para guardarlos en el microprocesador. Se dice que es temporal, porque es una memoria volátil. Cuando se apaga el ordenador la información se pierde.

Memorias RAM actuales

La memoria **RAM** se adquiere en forma de pastillas que se encajan en la placa base. Habrá que tener cuidado de no insertar un tipo de memoria **RAM** que no sea compatible con la placa, ya que se dañarían ambos elementos y otros componentes que pudieran estar conectados

Normalmente, la capacidad de la memoria **RAM** viene expresada en **Gigabytes.**

 Importante

Otro factor a tener en cuenta es la velocidad con la que la memoria se comunica con la placa base. Ambas deben tener la misma velocidad expresada en MHz, en caso de no ser así, se dañaría la placa base y la memoria.

Vídeo

Las tarjetas gráficas de hoy en día han evolucionado bastante dando unos rendimientos tanto para los juegos actuales como para aplicaciones profesionales. Actualmente en el mercado hay dos fabricantes de tarjetas, que son:

- NVIDIA
- AMD

En cuanto a los componentes principales de una tarjeta gráfica, se pueden destacar a los siguientes:

- **GPU (unidad de procesamiento gráfico).** Se puede definir como el corazón de la tarjeta gráfica y va a ser el responsable de llevar a cabo todos los cálculos complejos necesarios para renderizar imágenes y vídeos. Las GPU actuales cuentan con núcleos de procesamiento al estilo de los actuales procesadores.
- **Memoria de vídeo (VRAM).** Memoria dedicada de la tarjeta gráfica la cual sirve para el almacenamiento de texturas, modelos y otros datos gráficos. Actualmente están en torno a los 24 GB de VRAM.

- **Interfaz de memoria.** La cual sirve para la definición de la conexión entre la GPU y la VRAM y que permite transferencias muy rápidas mejorando el rendimiento en general.
- **Sistemas de enfriamiento.** Dado que la gráfica procesa todo lo relacionado con los gráficos en el sistema dispone de disipadores de calor, de ventiladores y, en algunos modelos más potentes, hasta de enfriamiento líquido. Todo esto es de vital importancia para mantener temperaturas que sean operativas para el hardware.
- **VRM** *(Voltaje Regulator Module).* Es el módulo regulador del voltaje, que es el encargado de suministrar energía estable a la GPU.
- **Salidas de vídeo.** Normalmente este tipo de tarjetas disponen de varios tipos de conectores para el monitor, HDMI, *DisplayPort,* DVI o USB-C suelen ser los más comunes.
- **PCB** *(PrintedCircuitBoard).* Circuito impreso en la placa que sostiene y conecta a todos los componentes de la tarjeta gráfica.
- **Núcleos de RayTracing y Tensor Cores.** Núcleos especializados en las GPU modernas (en las de NVIDIA) que aceleran los procesos y operaciones de inteligencia artificial.
- **Conectores de Energía.** Algunas tarjetas modernas necesitan para su alto rendimiento conectores de energía adicionales que se toman directamente desde la fuente de alimentación.

Tarjeta gráfica de gama baja. HD3450

Audio

Al igual que el vídeo, el audio (sonido y micrófono) suele venir integrado en la placa base, de tal manera que no hay que preocuparse de dotar de audio al sistema mediante tarjeta de expansión.

Tarjeta de sonido PCI

Si la placa base no dispusiera de audio (o se necesita un audio de mayor calidad), se disponen de puertos **PCI** o **PCIExpress** (normalmente de color blanco) a los que se les puede insertar una tarjeta de audio con el estándar **PCI** o **PCIExpress** y trabajar con ella.

Actualmente es posible adquirir tarjetas de audio que en vez de conectarse interiormente por puertos de expansión se pueden conectar mediante puertos **USB** (usando la tecnología "PLUG AND PLAY", enchufar y listo).

Tarjetas de comunicaciones

Este tipo de tarjetas permiten la conexión y transferencia de datos entre un equipo otras redes y/o dispositivos. Se pueden instalar en las ranuras de expansión de las placa base de los ordenadores y suelen ser PCI, PCIe o en algunos casos a través de puertos USB. Un ejemplo de ellas pueden ser las siguientes:

- Tarjeta ethernet (NIC), la cual permite la conexión a redes LAN usando la tecnología Ethernet.
- Tarjeta wifi (Inalámbrica), que permite la conexión a redes Wi-Fi (WLAN).
- Tarjeta *bluetooth,* que permite la conexión con dispositivos *bluetooth* (teclados, ratones, auriculares y más periféricos).

- Tarjeta módem, que es usada para conectarse a internet.
- Tarjeta de fibra óptica, usada para la conexión a redes de fibra óptica para altas velocidades de transferencia de datos.
- Tarjeta USB, que proporciona una serie de puertos adicionales al equipo.

Disco duro

Es donde se almacena la información, los datos que se generan, los programas que se necesitan y el sistema operativo que tendrá instalado el equipo. Estos periféricos han sufrido toda una revolución con la aparición actualmente de las tecnologías SSD y M2.

Ejemplo del mecanismo de un disco SSD

Evolución desde el HDD, SSD y M2

Las capacidades de almacenamiento de estos dispositivos son cada vez mayores y con un acceso más rápido a los datos que contienen.

Unidades de lectura / escritura

Bajo este nombre se engloban las unidades de **CD / DVD.** Sirven para almacenar gran cantidad de datos en muy poco espacio. Su instalación es muy similar a la de un disco duro y su tecnología de comunicación con la placa base también se basa en **IDE** y **SATA.**

Funcionan gracias a un láser que es capaz de leer y grabar gracias a un código binario (0 y 1)

Al igual que los discos duros, estos dispositivos pueden conectarse a través de **USB.**

  Importante

Dado que actualmente los discos duros proporcionan capacidades de almacenamiento mayores y velocidades muy rápidas en su acceso a datos, actualmente este tipo de dispositivos está prácticamente en desuso entre usuarios.

Teclado y ratón

Son elementos para dar o seleccionar información en el sistema (conocidos normalmente como dispositivos de entrada). Con el teclado se dan las órdenes y con el ratón se maneja el sistema.

Suelen conectarse por fuera de la caja a los puertos **PS2,** aunque últimamente estos dispositivos se están estandarizando bajo **USB.**

Monitor

Es el dispositivo donde se muestra la información suministrada al ordenador y los resultados que se producen con dicha información. El monitor se conecta externamente a la placa base a través del la conexión **VGA.**

Últimamente, muchos equipos y sobre todo en los portátiles, disponen de un puerto **HDMI** o **DVI** que sustituye al **VGA** y que trata mucho mejor los gráficos.

Es muy común ver tarjetas gráficas con varios puertos de conexiones como suelen ser **VGA** para conectar directamente al monitor o bien **DVI** o incluso **HDMI** para poder enchufarlo a un televisor que disponga también de este puerto y poder disfrutar de la **HD** (alta definición) de los gráficos.

 Definición

Pixel
Es la mínima cantidad de información que se puede representar. Las imágenes se forman como sucesiones de pixeles representados en pantalla.

La unidad de medida de un monitor son los pixeles.

Portátiles

Estos sistemas microinformáticos tienen exactamente los mismos componentes que uno normal, la única diferencia radica en que todo es mucho más comprimido y todo está diseñado y pensado para ocupar el mínimo espacio. Cuando se adquiere un producto de estas características se debe tener claro su uso y funcionalidad, ya que después actualizar su *hardware* será una tarea laboriosa y muy complicada.

Si el problema radica en el disco duro, la memoria, unidades de lectura o escritura o inclusive la pantalla, se puede adquirir otro *hardware* e instalarlo en el portátil teniendo en cuenta los estándares estudiados. Por el contrario, si el problema proviene de otro *hardware* o de la placa base, lo mejor es ponerse en contacto con el "SAT" (servicio de atención técnica) de la marca del portátil y ver qué soluciones pueden aportar valorando si merecen la pena.

 Consejo

Se puede abrir la caja del equipo, anotar la marca y modelo de cada componente *hardware*, buscar información de él por internet y catalogar el equipo de cara a futuros problemas imprevistos.

2.2. Herramientas y procedimientos de testeo asociados a cada componente *hardware*

Tras estudiar los componentes y su funcionamiento, se tratarán las herramientas y procedimientos para detectar y solucionar los fallos en el *hardware*.

Fuente de alimentación

Normalmente, el fallo principal es que el equipo no arranca cuando se procede a su encendido. Esto se debe a subidas o bajadas de tensión que han terminado afectando directamente a la fuente de alimentación del equipo. Cuando esto ocurra, con un simple polímetro que sea capaz de manejar en corriente continua voltajes de más de 12 V, se podrá comprobar si dicha fuente está defectuosa. Si no se poseen muchas nociones de electrónica lo más sensato sería quitar la fuente del sistema, ver su etiquetado, adquirir otra fuente de similares características e instalarla en el sitio de anterior, realizar el conexionado con la placa base y el resto de componentes *hardware* que necesitan alimentación y comprobar que todo funciona perfectamente.

? Sabía que...

La mayor parte de los componentes de un ordenador funcionan en un rango de 12 V a 0 V, de ahí la importancia de la fuente de alimentación. También los hay con tensión de 3,3 V.

En el caso de reinicios, bloqueos o apagados en el sistema de forma autónoma, se disponen de una serie de herramientas *software* que permiten saber los valores de corriente que hay en la fuente de alimentación y poder compararlos con los datos que facilita el fabricante en su manual de instrucciones. Si los valores no son correctos se sustituirá dicha fuente. Así pues, con un simple polímetro y los valores de referencia que da el fabricante en el manual de la fuente o en su página web se puede determinar si la fuente funciona correctamente.

Placa base

Si el sistema se enciende, pero se apaga inesperadamente y se ha testeado la fuente de alimentación descartando el problema, habrá que revisar la placa base. Se observará en la placa un **LED** verde que tiene que encenderse si recibe correctamente la alimentación, si este **LED** no está encendido es que la placa base tiene problemas, con lo cual la mejor decisión es retirarla y sustituirla por otra de idénticas características y compatible con el resto de elementos *hardware* del sistema. En le caso de que el **LED** si esté encendido, habrá que seguir comprobando el resto de unidades *hardware* hasta hallar el componente que está generando el fallo.

Cuando se sufren reinicios, bloqueos y apagados de forma inesperada y el problema no es la fuente de alimentación, se acudirá al *software* de testeo de placas base que mide los niveles de tensión, la información que viaja por ella, el trabajo del microprocesador y los fallos de la memoria, tomando posteriormente la decisión oportuna al respecto.

Cuando el sistema no sea capaz de almacenar bien ni la fecha ni la hora, será consecuencia de la pila y bastará con sustituirla por otra de similares características.

Procesador

Normalmente, la avería más común del procesador o del microprocesador es que este se quema debido a determinados factores: el ventilador del equipo dejó de funcionar, se produjo un bloqueo, etc. Esto ocurre porque el micro trabaja a unas temperaturas bastante elevadas.

En este caso no es posible repararlo, por tanto habría que comprar uno igual (con la misma potencia y velocidad) o ver en el manual de instrucciones la cantidad de micro que soporta la placa y comprar otro que sea compatible pero de mayor velocidad y potencia para trabajar más rápida y cómodamente.

Lo más importante es que la placa base y el microprocesador tengan el mismo "socket" de comunicación para poder acoplarlos.

Otra avería típica del microprocesador es que el sistema se reinicia sin motivo aparente, puede deberse a que el micro o su habitáculo se calienten demasiado y para evitar pérdidas mayores el sistema se apaga o se reinicia.

Memoria

Las averías relacionadas con la memoria se suelen detectar porque se informa por pantalla cuando el ordenador está arrancando o porque producen situaciones excepcionales en el sistema.

 Nota

Cuando se está cargando el sistema operativo suelen aparecer mensajes de error relacionados con excepciones y protecciones generales del sistema

Cuando esto sucede lo primero que hay que hacer es mirar la cantidad de módulos disponibles de memoria en el sistema. Si solamente hay uno, no quedaría más opción que reemplazarlo. Si hubiese más módulos de memoria habría que probar uno por uno, quitándolo, arrancando el sistema y comprobando que no da mensajes de error hasta que se encuentre el que está defectuoso.

Video y audio

Cuando se presenta una avería de video caben dos posibilidades: el monitor o la tarjeta gráfica (la del puerto **AGP)**. Por un lado, se comprobará que el monitor esté conectado correctamente al puerto **VGA** de la placa base y por otro, la adecuada alimentación del dispositivo. Si está todo correcto y los pines del conexionado perfectos, se probaría con otro monitor. Si este enciende, el problema, evidentemente, se localiza en la pantalla. Si no encendiera entonces se tendría que revisar en la gráfica integrada de la placa o bien en la tarjeta gráfica.

Si lo que se tiene es una gráfica a través de una tarjeta gráfica insertada en el puerto **AGP** o **PCIExpress,** se probaría con otra para ver si el equipo enciende. Si es así, el problema es de la tarjeta gráfica anterior. Si no enciende se probaría la tarjeta en otro equipo distinto. Si funciona el problema radica en el puerto **AGP** o **PCIExpress** de la placa base.

En el caso de una placa base con una gráfica integrada no hay manera de probarlo, pero lo que sí se puede hacer es fijarse en el tipo de conexión de gráfica que lleva y adaptarle una tarjeta. Cuando el equipo arranque detectará que hay una gráfica insertada y bloqueará la integrada. Con esto se solventaría el problema de tener que instalar una placa base nueva.

En el caso del audio es exactamente igual. Se compraría una tarjeta de audio **PCI** o **PCIExpress** y se insertaría en la placa base. El sistema anulará la integrada y se trabajará con la **PCI** o **PCIExpress.**

Tarjetas

Ocurre algo similar a video y audio, normalmente, la tarjeta de red y la tarjeta de modem/fax (que suelen ser **PCI**) vienen integradas con la placa base.

Recuerde

Actualmente además de PCI existe también el puerto PCI Express que es igual pero trabaja mucho más rápido.

Si se comprueba una avería en el puerto de red de una placa base que lo tiene integrado se comprará una tarjeta de red **PCI o PCIExpress.**

Si por el contrario fallara una tarjeta **PCI** lo ideal sería probarla en otro sistema o en otro puerto libre de la placa. Si funciona estaría indicando que probablemente el puerto **PCI** de la placa donde estaba instalado no está funcionando correctamente.

Unidades de almacenamiento o lectura-escritura

Las averías más frecuentes en las unidades de lectura-escritura (ya sean **CD** o **DVD)** suelen ser que el láser deja de leer correctamente o bien deja de escribir los datos correctamente (para el caso de grabadoras). Lo más conveniente es reemplazar esta unidad por otra de similares características respetando el estándar de conexionado con la placa base.

En el caso de averías de un disco duro se pueden distinguir dos tipos:

a. **De datos:** los datos se encuentran en el disco duro pero no se puede leer el disco y por tanto no se acceden a ellos. Lo más lógico es formatearlo y usar luego un *software* de recuperación de datos.
b. **De *hardware:*** en este caso se reemplaza un disco por otro pero no garantiza en ningún caso la recuperación de los datos.

En el caso de tener que reemplazarlo se podrá adquirir un disco duro de igual o mayor capacidad que el que se ha quitado pero respetando siempre el conexionado con la placa base.

Consejo

Es recomendable tener las copias de seguridad de la información más importante contenida en el sistema grabadas en CD o DVD para poder recuperarla en caso de pérdida.

Teclado y ratón

Normalmente, si se producen averías relacionadas con los dispositivos de teclado y ratón, se advierte en pantalla que algo no va bien en el puerto **PS2** (que es al que normalmente se conectan estos dispositivos). Bastaría con comprobar en el puerto **PS2** de otro equipo y ver si funcionan.

Si lo que falla es el puerto **PS2** de la placa madre, lo recomendable es adquirir teclado y ratón de conexión **USB** para ahorrar el cambio de la placa base y el despiece del sistema entero.

Recuerde

El puerto PS2 de color morado es el utilizado para el teclado y el puerto PS2 de color verde es el utilizado para el ratón.

Portátiles

Al ser sistemas cerrados permiten muy pocas actuaciones sobre ellos. Directamente, solo se puede operar en:

- Disco duro.
- Teclado.
- Memoria.

No es aconsejable actuar sobre cualquier otro elemento dado que es muy probable que se dañe la estructura que contiene los componentes *hardware*.

2.3. El polímetro como herramienta de testeo

El polímetro es una herramienta para medir diferentes magnitudes eléctricas. Estas medidas se pueden realizar en corriente continua o en alterna. Actualmente en el mercado hay tanto analógicos como digitales. Unas nociones básicas sobre este aparato son las siguientes:

- Cable rojo: debe ir a la entrada **V.**
- Cable negro: debe ir a la entrada **COM.**
- Lo que se mide es corriente alterna que debe ser seleccionada en la ruleta del polímetro.
- Es importante elegir un valor superior a **220 V** ya que habitualmente se miden valores de esta magnitud.

 Definición

Polímetro
Instrumento eléctrico portable y de dimensiones reducidas que va a permitir medir la corriente que pasa por un punto dado del equipo.

2.4. Ejemplo de uso de un polímetro

Se fija la ruleta en un valor determinado, por ejemplo en **750 AC V.** Posteriormente se introducen las puntas en los huecos del cable negro del polímero. El polímetro debería dar un valor aproximado a **220 V.** Si no da este valor, es probable que el cable esté estropeado. En el caso de que no sea el cable negro, se procederá a desenchufar la fuente de alimentación de su toma, y de ella se desconectarán todos los cables de la placa base y del resto de *hardware* al que estén conectados.

Dentro del ordenador los valores máximos van a ser **12 V,** con lo cual el polímetro se establecerá entorno a **20DCV.** También se modificará el tipo de corriente, pasando de la corriente alterna (AC) a corriente continua (DC).

A continuación, con la ayuda de un clip (intentando que sea recubierto de plástico para evitar posibles daños eléctricos en el equipo) se hará un puente en el cable de alimentación que va de la fuente a la placa. Se puentea la salida del cable verde con la entrada del cable negro con la ayuda del clip, en concreto los pines 15 y 16. Realizado este paso, se conecta el cable negro a la fuente de alimentación, procediendo al encendido del equipo y comprobando la alimentación de los distintos cables introduciendo la punta del polímetro (la roja, la negra se deja introducida en el círculo negro del polímetro para simular la masa) en ellos. Si se trabaja con una fuente **ATX,** los valores que se deberían obtener se reflejan en el siguiente dibujo.

Polímetro y conectores fuente ATX

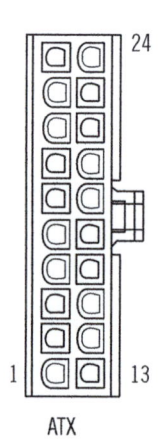

ATX

Pin N	Definición	Pin N	Definición
1	33V	13	33V
2	33V	14	-12V
3	GND	15	GND
4	+5V	16	PS-ON
5	GND	17	GND
6	+5V	18	GND
7	GND	19	GND
8	Power good	20	-5V
9	5V SB	21	+5V
10	+12V	22	+5V
11	+12V	23	+5V
12	33V	24	GND

Si el problema estuviera en la fuente de alimentación no se obtendrían los valores anteriores. Para medir el resto de cables de la fuente se procedería de la misma manera.

Conectores alimentación fuente ATX

3. Herramientas de comprobación del cableado de datos

Los diferentes tipos de cableado que se encuentran dentro de un sistema microinformático son:

- Cable **FDD** (disquetera): actualmente en desuso.
- Cable **IDE** de 40 hilos: también denominada cable **ATA** 33/66 (por su velocidad soportada). No es tolerado por los últimos discos duros **IDE**.
- Cable **IDE** de 80 hilos: también denominada cable **ATA** 100/133. Son los utilizados para conectar los dispositivos a la placa base. Normalmente, el color azul se conecta al puerto **IDE** de la placa base, el color gris al dispositivo esclavo y el negro al dispositivo maestro.
- Cable **SATA**: son más reducidos que **IDE,** están mejor recubiertos, tienen menos contactos y alcanzan unas velocidades mucho más altas que **IDE.** A diferencia de **IDE, SATA** es una conexión serie punto a punto, necesitando un cable para cada dispositivo.
- Cable **USB**: son muy usados sobre todo para conectar al sistema periféricos externos. Un cable **USB** está formado por 4 contactos, uno de ellos para la tensión de 5v, otro para los datos negativos, otro para los datos positivos y el cuarto para la masa. Estos cables soportan distancias de hasta 5 metros sin problemas.
- Cable **Mini-USB**: muy usado en los dispositivos multimedia de pequeño tamaño como móviles, mp3, cámaras fotográficas, etc. Es igual que el anterior pero su tamaño es muy reducido para ocupar poco espacio.

- Cable **IEEE1394** *(FireWire):* conexión de alta velocidad más estable que **USB.** Hay dos tipos de conexiones de 4 y de 6 contactos. Este es conocido como el *"FireWire 400".*

Nota

Existe también el *FireWire* 800 que mejora la velocidad en el doble respecto del anterior.

- Cable **PS/2:** cables utilizados para conectar el ratón y el teclado. El color verde es para el ratón y el color violeta es para el teclado en el caso de que estén pintados de dicho color.
- Cable **RJ-45 (UTP):** utilizados en las conexiones de red (tanto para una red interna como para una red externa). Existen dos tipos, los planos (cuando el orden de los colores es el mismo en ambos extremos del cable) y los cruzados (cuando el orden de los colores es diferente en ambos extremos del cable). Los estándares más conocidos son 568-A, 568-B que indican cómo establecer el orden de colores a la hora de montar un cable de red.
- Puerto paralelo: hoy en día está prácticamente en desuso. Muy utilizado para poder conectar la impresora y el escáner cuando no existía **USB.** Es un puerto con 25 pines, hembra por un lado y macho por el otro.
- Puerto serie o **COM:** usado normalmente para la conexión de módem externo. Normalmente son de 10 pines aunque también los hay de 25.
- Conectores de gráficas: unen la tarjeta gráfica con el monitor. Suelen ser de dos tipos: **VGA** o **DVI,** existiendo adaptadores entre uno y otro. **DVI** obtiene un mejor rendimiento gráfico que **VGA** al transportar la señal en formato digital, con lo que se ahorra la conversión de digital a analógico en la tarjeta y la conversión de analógico a digital otra vez en el monitor.
- Conectores de audio: todos se conectan usando cables con clavija del tipo Mini Jack 3.5mm. La clavija verde es para la salida de audio estéreo mientras que la rosa suele ser para el micrófono.

- Conexionado eléctrico: corresponden a los cables que salen de la fuente de alimentación al resto del equipo. De entre ellos destaca el conector **ATX** que es el encargado de suministrar la corriente a la placa base y a todos los componentes que a través de ella reciben el suministro eléctrico. Normalmente, se compone de un conector en forma de rectángulo con 20 o 24 pines (dependiendo si es **ATX** 1.0 o **ATX** 2.2). La versión actual de **ATX** implica un conector de 24pines, un conector de 4pines, otro conector de 6 pines para placas **PCI-e** y conectores de alimentación **SATA.** En las antiguas **ATX** se encuentra la alimentación para **IDE.**

A continuación se detallan una serie de normas a tener en cuenta cuando se manejan conectores en el sistema microinformático:

- Nunca forzar a un conector (se podría dañar el conector, el puerto, o incluso la placa).
- Asegurar que ha quedado correctamente anclado tanto al dispositivo como a la placa.

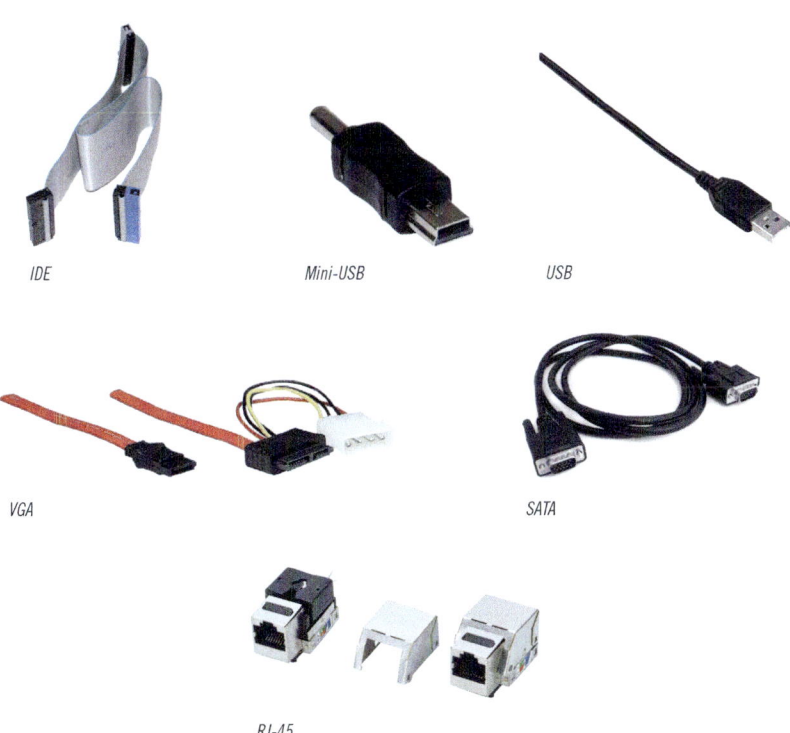

IDE   Mini-USB   USB

VGA   SATA

RJ-45

Para poder testear el cable de red, es decir el cable **RJ-45,** se disponen de unos probadores de mano. Cuando se termine de montar la red, y antes de conectar a los dispositivos, se usarán estos probadores conectando uno en un extremo al cable de red y otro el otro extremo al otro cable de red y comprobando mediante sus visores **LEDS** que la comunicación se realiza correctamente.

 Importante

Normalmente si la comunicación es buena se encienden una serie de led que corresponde al cable. En el caso de que un led no se encendiera indicaría que hay un problema de comunicación en ese cable debiendo de tomar las medidas adecuadas.

El probador para el cable RJ-45 es también válido para testear el cable RJ-11 (cable del teléfono que se utiliza para conectarlo, por ejemplo, a la entrada de una tarjeta de fax).

Tester para RJ-45

Para testear un puerto **USB** se usan programas *software* (como por ejemplo USBMOUSE.HEX o USBINFO) que al ejecutarlo en el ordenador y enchufar un cable **USB** da información acerca del estado del cable.

Aparte de este aparato, se disponen de otras herramientas para poder comprobar o testear casi todos los cables de los que consta el ordenador. Obviamente, estos aparatos son bastante caros.

A continuación se muestran algunos de estos dispositivos.

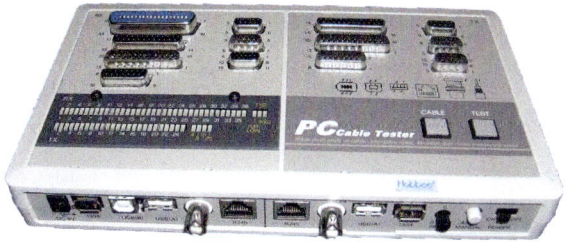

PC cable tester pro

Con este aparato se puede comprobar:

- DB25 (para el cable paralelo).
- CN36F (impresoras).
- DB9 (para conexiones en serie).
- HD15 (cables vga).
- DB15 (cables vga).
- SATA.
- RJ-45.
- RJ-11.
- FIREWIRE 1394.
- USB (A/B).

Con este dispositivo se identifica el estado real del cable, es decir, si se encuentra abierto, cerrado, cruzado, si produce continuidad o si está corto-circuitado. Para comprobar el cable se extraerá y se enchufará un conector a la parte izquierda (a su correspondiente conexión) y el otro conector libre a la parte derecha (a su correspondiente conexión). Después se seleccionará el tipo de cable del que se trate y se observará el bloque de leds que corresponda. Posteriormente, se establecerá el modo de funcionamiento, pudiendo ser automático (los leds se irán encendiendo solos en función del pin del cable que se esté testeando) o manual, (comprobando de forma personal cada pin). En función de lo anterior se obtendrán unos resultados que tendrán que ser analizados para saber si el cable funciona adecuadamente.

A continuación se muestra como se comprueba un cable SATA y un cable VGA de gráficos:

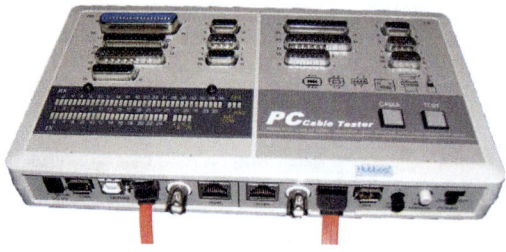

PC cable tester pro

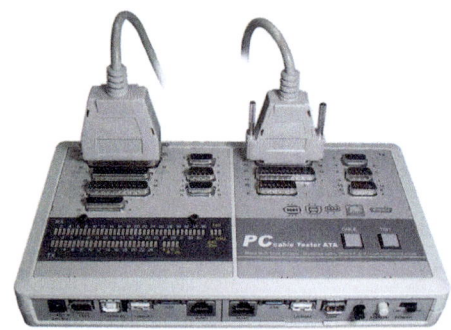

PC cable tester pro

Si se profundiza un poco más en este dispositivo se observa como en la parte derecha se encuentran los conectores de:

- DB25 hembra
- DB25 macho
- DB15 macho
- DB9 hembra
- DB9 macho
- HD15 macho
- Firewire 6-pin hembra
- USB A hembra
- SATA 7-pin hembra
- RJ45 hembra

Recuerde

Para testear un puerto USB se usan programas *software* que al ejecutarlo en el ordenador y enchufar un cable USB da información acerca del estado del cable.

En la parte izquierda están los conectores de:

- Centronics 36 hembra
- DB25 hembra
- DB25 macho
- DB15 hembra
- DB9 hembra
- DB9 macho
- HD15 hembra
- Firewire 6-pin hembra
- USB B hembra
- USB A hembra
- SATA 7-pin hembra
- RJ45 hembra

En el mercado, existen actualmente multitud de estos aparatos, cada uno con más o menos posibilidades de comprobación en cuanto a cableado se refiere, pero todos parten de precios bastante elevados. Sin embargo, existen unos testers para comprobación de cables básicos, pudiendo verificar RJ45, RJ11, BNC (cable de red coaxial), USB y Firewire.

4. Procedimiento de encendido y post. Identificación de problemas

Cuando se presiona sobre el botón de encendido de un sistema microinformático lo primero que ocurre son una serie de rutinas (tareas programadas) para que el equipo verifique y compruebe qué tipos de dispositivos tiene instalados y si estos funcionan correctamente antes de dar paso a la carga del sistema operativo para poder interactuar con el usuario.

Conocido lo anterior se puede decir que el ordenador al arrancar accede a una memoria **ROM** (memoria que a diferencia de la **RAM** no es volátil y por tanto, al apagar el sistema no se pierde la información) que le indica donde se encuentra localizada la **BIOS** para proceder a su carga.

Tras el encendido y arranque se llega a lo que se ha denominado **POST**. El **POST** ("Power On Selt Test", autodiagnóstico de encendido) se va a encargar de verificar e inicializar los componentes de entrada y salida del sistema. Si durante este proceso el **POST** detecta algún componente dañado o funcionando mal informa a **BIOS** y esta para el arranque del equipo para informar de la situación por pantalla.

Conocer el **POST** del sistema es esencial porque puede dar información acerca del componente *hardware* que está fallando u ocasionando problemas al sistema. Normalmente, esa información la facilita a través de una serie de pitidos que se producen justamente antes de mostrar por pantalla un listado del *hardware* instalado en el equipo y antes de la carga del sistema operativo.

En la siguiente tabla se muestran una serie de códigos, dado que cada fabricante intenta mejorar siempre el **POST** de sus equipos con más funcionalidades.

CÓDIGO	SIGNIFICADO
1 tono corto	Todo correcto. Post terminado satisfactoriamente.
Ningún tono	No hay electricidad, altavoz no conectado o BIOS corrupta.
Tono ininterrumpido	Fallo en el suministro eléctrico.
Tonos cortos y seguidos	Placa base dañada/estropeada.
1 tono largo	Memoria RAM no instalada o si está instalada no funciona.
1 tono largo y 1 tono corto	Fallo en la placa base o en la memoria ROM de la misma.
1 tono largo y 2 tonos cortos	Fallo en la tarjeta de video o bien no está instalada.

Continúa en página siguiente >>

<< Viene de página anterior

CÓDIGO	SIGNIFICADO
2 tonos largos y 1 tono corto	Fallo en la sincronización de la imagen.
2 tonos cortos	Error en la paridad de la memoria.
3 tonos cortos	Fallo en los primeros 64kb de la memoria RAM.
4 tonos cortos	Temporizador o contador defectuoso.
5 tonos cortos	El procesador o la tarjeta de video no funcionan bien.
6 tonos cortos	Fallo en el controlador del teclado.
7 tonos cortos	Error de identificación del procesador.
8 tonos cortos	Fallo de escritura en la RAM de video.
9 tonos cortos	Error de checksum de ROM en BIOS.
10 tonos cortos	Error de CMOS.

Luego, si tras encender el sistema se oyen una serie de tonos, es cuestión de identificarlos, consultar la tabla, mirar la información que suministra el ordenador por pantalla y se tendrá más o menos claro que dispositivos hay que verificar.

Imagen actual de una BIOS de tipo UEFI

En el caso de que tanto **BIOS** como **POST** no localicen ningún problema en los dispositivos, se mostraría por pantalla un listado con los elementos encontrados para, en cuestión de dos segundos, pasar a la carga del sistema operativo.

Recuerde

El POST *("Power On Selt Test"*, auto-diagnóstico de encendido) se encarga de verificar e inicializar los componentes de entrada y salida del sistema.

4.1. Aplicación práctica

A partir del manual de la placa base Gigabyte B365M H completa la tabla de especificaciones siguientes. Puede acceder desde aquí al manual.

https://redirectoronline.com/uf04660101

Característica	Valor
Factor de forma	
Procesadores compatibles	
Socket	
Memoria RAM (Tipo)	

Continúa en página siguiente >>

<< Viene de página anterior

Característica	Valor
Memoria RAM (Ranuras)	
Memoria RAM (Capacidad Máxima)	
Memoria RAM (Velocidades)	
Dual Channel / QuadChannel	
Northbrigde Chipset	
Soutbrigde Chipset	
SATA (Conectores)	
Gráfica Integrada	
SATA (Versión o velocidad)	
M.2 (Conectores)	
Ranuras de expansión (Número y tipo)	
Puertos externos	

Solución

Consultando el manual de la placa base, que es donde el fabricante de dicha placa va a brindar toda la información respecto del hardware se obtiene la siguiente información:

Característica	
Factor de forma	Micro ATX
Procesadores compatibles	9th and 8th Generation Intel Core i9 / Intel Core i7 / Intel Core i5 / Intel Core i3 / Intel Pentium / Intel Celeron
Socket	LGA1151
Memoria RAM (Tipo)	DDR4
Memoria RAM (Ranuras)	2
Memoria RAM (Capacidad máxima)	32 GB
Memoria RAM (Velocidades)	2666/2400/2133 MHz

Continúa en página siguiente >>

<< Viene de página anterior

Característica	
Dual Channel / QuadChannel	Dual Channel
Northbrigde Chipset	Intel B365 Express
Southbrigde Chipset	iTE I/O Controller
Gráfica integrada	IntegratedGraphicsProcessor-Intel HD Graphics
SATA (Conectores)	4
SATA (Versión o Velocidad)	6Gb/s
M.2 (Conectores)	1
Ranuras de expansión (Número y tipo)	1 x PCI Express x16 / Š1 x PCI Express x1
Puertos externos	1 x PS/2 ratón / 1 x PS/2 teclado / 1 x D-Sub VGA / Š1 x HDMI / 4 x USB 3.1 Gen 1 / Š2 x USB 2.0/1.1 / Š1 x RJ-45 port / Š3 x audio mini jacks

4.2. Aplicación práctica

¿Cuáles son los pasos para cambiar la unidad de disco duro de un sistema e insertar otra con mayor capacidad para almacenar más datos?

Solución

1. Desenchufar la fuente de alimentación de la red y desconectar de detrás de la torre todas las conexiones que estén conectadas al panel trasero de la caja.
2. Desatornillar los dos laterales de la caja, tanto el derecho como el izquierdo y proceder a su extracción quedando el interior de la caja totalmente visible.
3. Desconectar la alimentación del disco duro que se va a reemplazar.
4. Desconectar el disco duro que se va a cambiar del bus de datos.
5. Quitar los tornillos que sujetan el disco duro a la estructura metálica interior de la caja, tanto por el lado izquierdo como por el lado derecho.
6. Proceder a la extracción del disco duro del sistema informático y a su deposición sobre la mesa de trabajo.

7. Insertar el nuevo disco duro procediendo a su atornillado a la estructura de la caja por ambos lados.

8. Conectar el bus de datos adecuado al disco duro para a continuación proceder a dotarle de alimentación eléctrica.

9. Montar las tapas de la caja atornillándolas a la misma.

10. Conexionar todos los elementos que se han desconectado con anterioridad.

11. Conectar el cable de alimentación a la fuente de alimentación y encender el ordenador.

12. Observar que tanto **POST** como **BIOS** reconocen el disco duro que se ha instalado y lo muestra en el listado.

Con estos pasos se asegura que el reemplazo se ha llevado a cabo correctamente.

5. Resumen

Cuando se inicia un sistema informático lo primero que se carga es **BIOS** *(Basic Input Output System)*, que es la encargada de comprobar junto con **POST** que todo el *hardware* que hay instalado funciona correctamente.

Los componentes fundamentales de un sistema informático son:

■ Fuente de alimentación: alimenta al resto de dispositivos con electricidad para que puedan realizar sus funciones.

■ Placa base: a la que normalmente se conectan el resto de dispositivos para que realicen sus funciones.

■ Microprocesador: es el cerebro del ordenador y el encargado de que todo funcione adecuadamente.

■ Memoria **RAM:** en la que se almacenan datos temporalmente.

■ Vídeo: va a ser la encargada junto con el monitor de presentar gráficamente lo que sucede en el sistema.

■ Audio.

■ Tarjetas de comunicación: con ellas se obtiene conexión con el exterior del sistema.

- Disco duro: en el que se almacenaran datos y programas de forma permanente.
- Unidades de entrada/salida: normalmente para el almacenamiento masivo de información.
- Teclado y ratón: dan instrucciones al sistema.
- Monitor: junto con el video muestra lo que ocurre en el sistema gráficamente.

Ejercicios de repaso y autoevaluación

1. **Cualquier microprocesador/procesador puede ser utilizado en cualquier placa base o madre...**

   a. ... comprobando que sean compatibles micro y placa.
   b. ... sin comprobar la compatibilidad. Todos son estándares.
   c. ... sin comprobar la compatibilidad, pero si el micro es de marca Intel, la placa tendrá que ser de marca Intel.
   d. Todas las opciones son incorrectas.

2. **La memoria RAM...**

   a. ... es estándar para todos los ordenadores.
   b. ... se tiene que instalar de 2 en 2 módulos.
   c. ... una vez apagado el equipo pierde la información contenida en ella.
   d. Todas las opciones son incorrectas.

3. **Si se produce un tono ininterrumpido cuando se enciende el equipo es por:**

   a. Un problema de fallo de memoria RAM.
   b. Un fallo de microprocesador.
   c. Un fallo de alimentación.
   d. Un fallo de pantalla.

4. **Las fuentes de alimentación son:**

   a. Individuales para cada equipo.
   b. Todas compatibles entre sí.
   c. Cada equipo llevará su fuente compatible.
   d. Todas las opciones son incorrectas.

5. Indique la frase incorrecta:

    a. La memoria RAM pierde su contenido al apagarse el ordenador.

    b. En la memoria RAM se guardan los datos que se van ejecutando.

    c. Cualquier memoria RAM puede ser usada con cualquier placa base.

    d. La memoria RAM actualmente se mide en GIGAS.

6. Los buses sirven para...

    a. ... unir una parte de la placa base con otra.

    b. ... que la memoria lleve los datos al microprocesador.

    c. ... enviar la alimentación a los dispositivos integrados en el sistema.

    d. ... comprobar el funcionamiento de un dispositivo *hardware*.

7. El microprocesador es...

    a. ... el encargado de trabajar directamente con la memoria RAM.

    b. ... el encargado de dar órdenes al conjunto de *hardware* disponible en el sistema informático.

    c. ... el encargado de dar órdenes a la placa base únicamente.

    d. Todas las opciones son incorrectas.

8. El teclado y el ratón pueden ser conectados a la torre mediante un puerto llamado...

    a. ... AGP.

    b. ... IDE.

    c. ... SATA.

    d. ... PS/2.

9. El puerto AGP es:

    a. Único y exclusivo de la memoria RAM.

    b. Único y exclusivo de la BIOS.

    c. Único y exclusivo del microprocesador.

    d. Único y exclusivo.

10. El chipset es...

a. ... el conjunto de circuitos que se encarga de mover la información por un sitio a otro de la placa base.

b. ... una tarjeta de expansión que le podemos introducir a la placa base a través de los puertos PCI.

c. ... un componente más del ordenador que se encuentra localizado dentro de la BIOS y sirve para comprobar la funcionalidad del equipo.

d. ... un conjunto de rutinas y procedimientos para testear equipos informáticos.

Capítulo 2
Instalación básica de sistemas operativos

Contenido

1. Introducción

En este capítulo se estudiarán los sistemas operativos actuales en el panorama de la informática. Se comenzará viendo qué es lo que hacen, qué se necesita para trabajar con la máquina y sus principales funciones.

También se mostrarán las operaciones en la carga del sistema operativo: secuencia de arranque, posibles fallos, etc., además de como reparar o realizar ciertas operaciones de mantenimiento en el caso de que tenga algún problema.

Se hará hincapié en la **BIOS,** pasando por todas las opciones más comunes (dado que cada fabricante añade o quita propiedades de ella en función al sistema que quiera diseñar), así como configurarla adecuadamente para el tipo del sistema con el que se trabaja.

Tras ello, se mostrará como realizar desde cero la instalación de un sistema operativo y los posibles errores que se deriven en el proceso.

Finalmente se hablará de la instalación de los *drivers* correspondientes al *software* que se tenga instalado en el equipo.

2. Funciones del sistema operativo

Un sistema operativo es un programa o conjunto de programas que van a permitir explotar o gestionar un determinado sistema informático, por tanto, puede decirse que un sistema operativo es un tipo de *software*.

Una de las funciones principales del sistema operativo es hacer de traductor/intérprete entre el sistema informático y el usuario.

Nota

Es más fácil controlar un sistema operativo que el *hardware* del equipo. El sistema operativo recibe órdenes en nuestro lenguaje, en cambio, para comunicarse con el *hardware,* se tendría que utilizar el sistema binario o hexadecimal, que es el lenguaje utilizado por el equipo.

Actualmente, existen varias familias de sistemas operativos. Casi siempre, dependiendo del uso que se le vaya a dar al equipo se instalará un sistema u otro. No todos los sistemas operativos comparten las mismas propiedades, cada uno tiene características y recursos especiales. Entre los más importantes y utilizados se encuentran:

- *Windows.*
- *Linux.*
- *Mac/OS.*

Logos de los sistemas operativos actuales

Es **Windows** el sistema operativo más extendido. Por su parte, **Linux,** quizás menos intuitivo que **Windows,** suele ser utilizado normalmente por profesionales de la informática ya que proporciona mayor libertad para desarrollar aplicaciones. Finalmente, el sistema **Mac/OS** también suele ser utilizado por profesionales, en este caso del mundo del diseño y la imagen gráfica, pero deben tener un ordenador de la marca **Apple,** ya que es la única que permite utilizar este sistema.

Sin embargo, sea cual sea el sistema operativo con el que se trabaje, estará integrado por los siguientes componentes:

- **Núcleo ("Kernel"):** es el encargado de realizar las funciones básicas y necesarias para el correcto funcionamiento del sistema, por ejemplo cargar una aplicación en memoria, dar órdenes a dispositivos periféricos, etc.
- Intérprete de comandos ("Shell"): este componente da órdenes al sistema operativo a través de un determinado lenguaje. Es muy usado por los profesionales de la informática. El intérprete de comandos de **Windows** es **CMD.**
- **Sistema de archivos:** guarda la documentación que se genera al trabajar con el equipo, también alojará los archivos del sistema operativo. Antiguamente, cada sistema operativo tenía su propia forma de archivos y por tanto era imposible abrir un documento creado en **Linux** en un entorno **Windows.** Actualmente ha cambiado esta tendencia.
- **Interfaz de programación de aplicaciones (API):** es un conjunto de servicios que pone a disposición el sistema operativo para las aplicaciones de usuario (normalmente es utilizado por los programadores de aplicaciones informáticas para diseñar ventanas, botones, etc.).
- **"Drivers" de los dispositivos:** necesarios para la comunicación con el *hardware.*
- **Programas:** son con los que normalmente se trabaja cuando se carga el sistema operativo.

La clasificación de los sistemas operativos que se encuentran en el mercado es la siguiente:

- **Monotarea:** solo manejan un proceso en el tiempo. Son los más antiguos y actualmente están en desuso.
- **Multitarea:** en estos el procesador es capaz de realizar varios procesos al mismo tiempo. Son más rápidos que los anteriores.
- **Monousuario:** limitados a un solo usuario.
- **Multiusuario:** pensados para ser usados por varias personas. Por ejemplo las distribuciones **Home** de **Windows.**

- **Secuencia de lotes:** junto con los primeros son los más antiguos. Al procesador se le dan un conjunto de instrucciones que ejecuta sin que intervenga el usuario.
- **Tiempo real:** intenta dar respuesta en un tiempo concreto y conocido. Son usados en entornos cuyo tiempo de respuesta es crítico (entorno industrial).
- **Tiempo compartido:** el sistema es compartido por más de una persona al mismo tiempo.

Principales funciones de un sistema operativo:

- **Gestión de la memoria RAM:** se ocupa de reservar memoria para cada aplicación que se ejecuta y para cada usuario que se conecta al sistema.
- **Gestión del procesador:** a través de unos determinados algoritmos (que buscan optimizar el uso del procesador) el sistema operativo concede al programa que lo solicita el uso del procesador para realizar determinadas tareas (por ejemplo grabar unos datos en un **CD,** abrir un navegador, etc.), consiguiendo que el ordenador desarrolle distintas funciones al mismo tiempo.
- **Gestión de archivos:** el sistema operativo se encarga de guardar, almacenar, borrar o recuperar los datos dentro del sistema de archivos.
- **Gestión del sistema:** el sistema operativo es el encargado de ir facilitando las instrucciones para que el equipo funcione correctamente además de detectar los posibles fallos que se produzcan.
- **Gestión de entrada/salida:** el sistema operativo es el intermediario entre el usuario y el *hardware*.
- **Gestión de ejecución de las aplicaciones:** es en última instancia el que decide qué aplicaciones se ejecutan y cuáles no (siempre velando por la integridad del sistema). A las que son ejecutadas, les suministra los recursos que necesitan para ser utilizadas.

En cuanto al tamaño de los sistemas operativos, se observa una diferenciación entre **32 y 64 bits.** Evidentemente, son preferibles aquellos que tienen más bits, ya que permite gestionar más memoria RAM. Además, los sistemas de **64 btis** son mucho más estables que los de **32 bits.**

Sabía que...

Una aplicación diseñada para 32 bits puede ser ejecutada sin problema en un entorno de 64 bits, pero una aplicación diseñada para uno de 64 bits es imposible ejecutarla en uno de 32 bits

2.1. Sistemas operativos actuales

- Familia *Windows* (sistemas más actuales):

    - *Windows 11*
    - *Windows 12*

- Familia *Linux:*

    - *Ubuntu*
    - *Debian*
    - *Fedora*
    - *CentOS*
    - *Arch Linux*

3. Operaciones de carga del sistema operativo

La carga del sistema operativo se conoce por lo que se denomina secuencia de arranque *(booting).*

3.1. Secuencia de arranque

Secuencia de arranque o *booting* es el instante que va desde que se pulsa el botón de encendido del ordenador hasta que el sistema operativo está totalmente cargado y listo para trabajar.

Tras el encendido del ordenador, se suministra energía a la fuente de alimentación que se encarga de distribuirla al resto de componentes *hardware*. Después de esta operación, se accede a una pequeña memoria llamada **CMOS** (que es la encargada de mantener la fecha y hora, los tipos de dispositivos instalados, su configuración, etc., así como orientar al microprocesador para que ejecute la secuencia de arranque de dicho sistema). Esta memoria es la usada por **BIOS** y **POST** para comprobar el buen estado del sistema.

En este punto pueden suceder dos cosas:

- Que durante la secuencia de arranque se produzcan problemas (bien a nivel de **BIOS** o bien durante el arranque o carga del sistema operativo).
- Que todo esté correcto.

En el caso de que todo este correcto (es decir, **BIOS** ha comprobado que no hay fallo alguno) se debe proceder con la carga del sistema operativo.

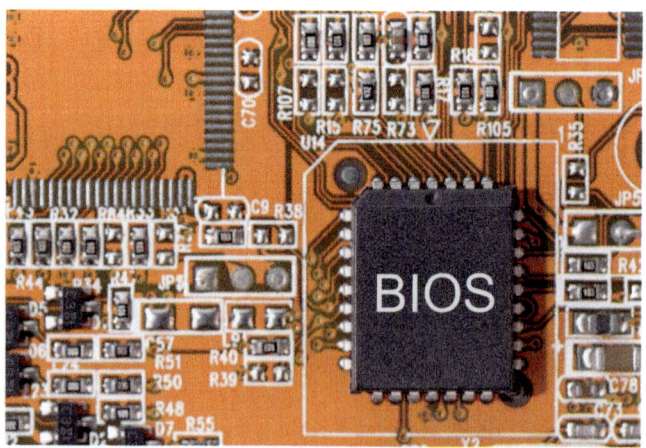

Localización del chip BIOS en la placa base de un equipo informático

Cargar un sistema operativo en memoria es una tarea bastante tediosa por la gran cantidad de información que posee el ordenador. Por eso **POST** va a ser el encargado de localizar en el disco duro el SECTOR DE ARRANQUE (boot sector), que contiene el **MBR** *(Master Boot Record)* con las instrucciones necesarias para cargar en memoria **RAM** la parte primordial del sistema operativo y continuar de forma paralela con la carga total de este.

A partir de este punto cada sistema operativo tiene un orden distinto de carga. A continuación se explica cuales son las principales diferencias entre Windows y Linux.

Windows

En Windows la parte primordial de carga tras localizar el MBR, es un programa llamado **NTLDR** que tiene como función empezar la carga del sistema operativo. Este programa obtiene información sobre el *hardware* que hay disponible en el sistema (a través del programa **NTDETECT.COM)** así como de aplicar sus controladores *(drivers)* correspondientes para poder ser utilizados cuando se haya cargado el sistema operativo. Tras los drivers, se localiza el sistema de archivos necesarios para acceder a la estructura de ficheros del disco duro.

Posteriormente, **NTLDR** accede a un fichero llamado *boot.ini* que contiene una lista con los distintos sistemas operativos que hay disponibles en el sistema.

 Nota

Se pueden tener instaladas varias versiones de Windows y varias versiones de Linux en un mismo sistema.

Toda esta información que se va obteniendo se va agregando al **registro** de **Windows.** Tras finalizar esta operación se ejecutan dos nuevos programas: **NTOSKRNL.EXE** (que es el núcleo del sistema operativo) y **HAL** *(hall.dll* encargado de leer la información contenida en *\windows\system32\config\system).* Mediante unos componentes conocidos como "**Windows Executive**" los dos programas anteriores se encargan de poner en funcionamiento el *software.* Estos elementos ejecutan los *drivers* y servicios del sistema operativo.

El siguiente programa en actuar es **SMSS.EXE** que se encarga del entorno gráfico de **Windows,** creando las variables adecuadas y cargando el administrador del **Logon (Winlogon.exe).** A partir de este momento es **WinLogon.exe** el que toma el testigo para proceder con la ejecución del administrador de control de servicios, del programa **lsass.exe** *(Local Security Authority)* y la **GINA** (autentificación e identificación gráfica). Una vez cargados estos a través de la aplicación **NTLM** se procede (si está establecido) a pedir el nombre de usuario y contraseña.

Finalizados estos procedimientos se carga la configuración predeterminada por el usuario comenzando después a trabajar con el sistema operativo.

Linux

En el caso de Linux, el primer programa en ejecutarse para la carga completa de los componentes del sistema es el llamado CARGARDOR DE ARRANQUE *(LILO)* que informa sobre todos los sistemas operativos instalados en el equipo. Una vez seleccionado el sistema que se quiere iniciar, una mínima parte de este se carga en RAM para comenzar con el arranque.

En concreto lo que se carga en la memoria es el núcleo del sistema operativo y un fichero llamado *initrd* que va a ser el responsable de que todo funcione correctamente cuando el núcleo esté estable (cargado y funcionando adecuadamente).

Recuerde

Entre las funciones que corresponden al núcleo está la de gestionar correctamente la memoria, detectar el tipo de *hardware* que hay instalado, inicializarlo, asignarle los *drivers* correspondientes para su buen uso y montar el sistema de ficheros adecuado.

Una vez obtenido lo anterior, *initrd* se encarga de pedir el nombre de usuario y contraseña para después añadir la configuración predeterminada por el usuario.

3.2. Posibles fallos

Los procesos de mantenimiento y actualización de componentes *hardware* pueden interferir en el correcto arranque del sistema operativo, bien porque no localice los drivers para poder usarlo, bien porque no pueda identificarlo.

Otro problema se debe a no ejecutar correctamente las fases de encendido y apagado de un equipo, provocando muchas veces la muerte súbita del mismo y como consecuencia dejando una serie de archivos del sistema operativo corruptos (con información no válida).

Cuando se intenta iniciar el sistema operativo no logra arrancarse, o se reinicia o simplemente manda un mensaje de error por pantalla diciendo que no es capaz de localizar cierta información. Otras veces el usuario pueda modificar la estructura de ficheros básica del sistema operativo poniendo en peligro su correcto funcionamiento.

Normalmente, casi todos los sistemas operativos antes de arrancar permiten acceder a un menú de opciones del sistema operativo desde el que se puede:

- Ajustar las medidas de seguridad de usuarios.
- Acceder al sistema operativo como administradores del mismo.
- Realizar descargas o actualizaciones.
- Solucionar posibles problemas que ocurran con el inicio normal del sistema operativo.
- Realizar operaciones de mantenimiento o actualización.

Cuando se accede al sistema operativo de este modo, se ejecuta sin la mayoría de controladores, es decir, de drivers y aplicaciones. El objetivo es que únicamente se carguen los componentes del sistema operativo para no entrar en conflictos con el *hardware*.

 Importante

Si instala un determinado *software* que pide reiniciar la máquina y al reiniciarlo la carga del sistema operativo no se realiza correctamente, se puede acceder a ejecutar el mini sistema operativo solamente con sus controladores para proceder a desinstalar la aplicación y no tener que instalar nuevamente todo el sistema operativo.

Normalmente los fallos que se encuentran son de dos tipos:

- *Hardware:* estos problemas vienen dado por las memorias en mal estado, módulos con fallo, insuficiente memoria, exceso de temperatura (bien por una mala o insuficiente refrigeración, bien por fallos en los ventiladores que se tengan instalados), problemas en la fuente de alimentación (potencias variables, salidas de voltaje inestables, cables en mal estado, mala instalación eléctrica o fallo del ventilador), fallos del disco duro (cable de datos o alimentación corrupto, sector de arranque corrupto, disco duro con sectores defectuosos).

■ *Software:* estos fallos normalmente son debidos a virus o malware, instalaciones y desinstalaciones, controladores de dispositivos o drivers, conflictos de recursos compartidos (provocando bloqueos o congelación del sistema sin permitir operar).

Específicamente para Windows se da el problema conocido como pantallazo azul. Estos tipos de fallos se deben a una avería del *hardware* y *software* al mismo tiempo. Normalmente, en la propia pantalla azul **Windows** da información del tipo de error que está sufriendo.

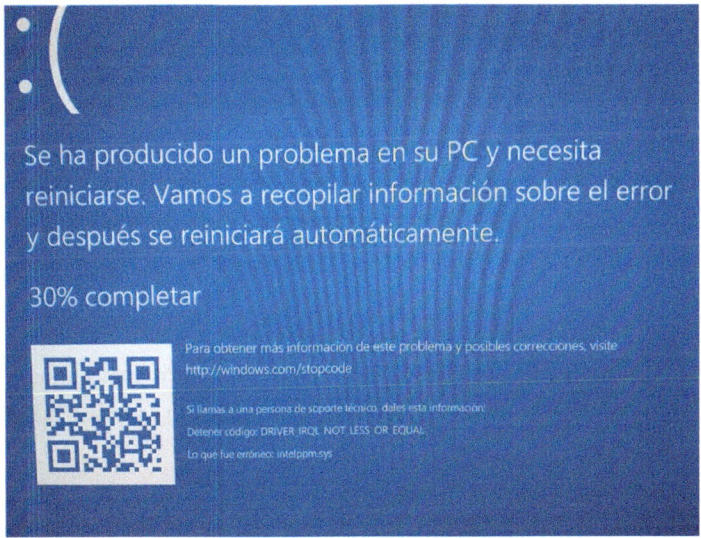

Ejemplo de error en un sistema operativo Windows 11

3.3. El setup de la BIOS. Configuración básica

Con la opción setup de la BIOS se comprueban los valores del equipo. Como el *Setup* de **BIOS** es bastante extenso, y no está estandarizado (cada fabricante añade o quita información) se mostrarán los apartados comúnmente usados. A continuación se muestra la pantalla de bienvenida que se encuentra al acceder a **BIOS.**

```
                    Phoenix - AwardBIOS CMOS Setup Utility

    ▶ SoftMenu Setup              ▶ PC Health Status

    ▶ Standard CMOS Features        Load Fail-Safe Defaults

    ▶ Advanced BIOS Features        Load Optimized Defaults

    ▶ Advanced Chipset Features     Set Password

    ▶ Integrated Peripherals        Save & Exit Setup

    ▶ Power Management Setup         Exit Without Saving

    ▶ PnP/PCI Configurations

    Esc: Quit                     ↑↓→←  : Select Item
    F10: Save & Exit Setup        (P35-W627DHG-6A790A1AC-00)

                    Change CPU's Clock & Voltage
```

Imagen de BIOS de Award

Se observan las opciones básicas que se describirán a continuación. La primera de ellas es *Standard CMOS Features,* con la que se realizan las siguientes acciones:

■ Establecer la fecha y hora del sistema.
■ Ver los dispositivos de almacenamiento y lógicos instalados en el sistema, así como su tecnología de conexionado con la placa base y el canal que ocupa.
■ Total de memoria instalada en el sistema.
■ Información referente a la **BIOS** instalada.

```
                Phoenix - AwardBIOS CMOS Setup Utility
                       Standard CMOS Features
      Date (mm:dd:yy)          Fri, May 11 2007      │   Item Help
      Time (hh:mm:ss)          12 : 34 : 56

    ▶ SATA Channel 1            None
    ▶ SATA Channel 3            None
    ▶ SATA Channel 2            None
    ▶ SATA Channel 4            None
    ▶ SATA Channel 5            None
    ▶ SATA Channel 6            None

      Drive A                  1.44M, 3.5 in.
      Drive B                  None
      Floppy 3 Mode Support    Disabled
      Halt On                  All, But Keyboard

      Base Memory              640K
      Extended Memory          1046528K
      Total Memory             1048576K

    ↑↓→←:Move  Enter:Select  +/-/PU/PD:Value  F10:Save  ESC:Exit  F1:General Help
        F5: Previous Values   F6: Fail-Safe Defaults   F7: Optimized Defaults
```

Standard CMOS Features

La opción de *Advanced BIOS Features* sirve para:

- Establecer 1°,2° y 3° dispositivo *hardware* para arranque.
- Activar o desactivar logo del fabricante en el arranque.
- Activar o desactivar la información de **BIOS** en el arranque.
- Activar o desactivar la tecla de *Num-Lock*.

```
                    Phoenix - AwardBIOS CMOS Setup Utility
                           Advanced BIOS Features
     Hyper-Threading Technology        Enabled           Item Help
     Quick Power On Self Test          Enabled
  ▶  CPU Feature                       Press Enter
  ▶  Hard Disk Boot Priority           Press Enter
     First Boot Device                 Floppy
     Second Boot Device                Hard Disk
     Third Boot Device                 SATA CDROM
     Boot Other Device                 Enabled
     Boot Up Floppy Seek               Disabled
     Boot Up NumLock Status            On
     Security Option                   Setup
     MPS Version Ctrl For OS           1.4
     Report No FDD for OS              No
     Delay IDE Initial (Secs)          0
     Full Screen LOGO Show             Enabled
     Disable Unused PCI Clock          Yes


  ↑↓→←:Move  Enter:Select  +/-/PU/PD:Value  F10:Save  ESC:Exit  F1:General Help
       F5: Previous Values   F6: Fail-Safe Defaults   F7: Optimized Defaults
```

Advanced BIOS Features

El apartado *Advanced Chipset Features* es distinto para cada sistema, dado que cada fabricante dota a sus chipset con unas determinadas funciones y características. En concreto, la **BIOS** de la imagen permite, por ejemplo, indicar la latencia y otros tiempos de la memoria Ram instalada.

```
                    Phoenix - AwardBIOS CMOS Setup Utility
                          Advanced Chipset Features
     DRAM Timing Selectable            By SPD           Item Help
  x  - CAS Latency Time    (tCL)       Auto
  x  - RAS# to CAS# Dealay (tRCD)      Auto
  x  - RAS# Precharge      (tRP)       Auto
  x  - Precharge Delay     (tRAS)      Auto
  x  - Refresh Cycle Time  (tRFC)      Auto
  x  - Write Recovery Time (tWR)       Auto
  x  - Write to Read Delay (tWTR)      Auto
  x  - Act to Act Time     (tRRD)      Auto
  x  - Read to Precharge   (tRTP)      Auto
  ▶  PCIe Root Port Function           Press Enter
     Init Display First                PCI Slot
     PEG Force X1                      Disabled




  ↑↓→←:Move  Enter:Select  +/-/PU/PD:Value  F10:Save  ESC:Exit  F1:General Help
       F5: Previous Values   F6: Fail-Safe Defaults   F7: Optimized Defaults
```

Advanced Chipset Features

Con la opción de *Integrated Peripherals* se manejan los controladores de los discos duros, disqueteras, puertos serie y paralelo. Se pueden activar o desactivar, controlando los modos de acceso de los discos duros, las interrupciones y direcciones de los puertos, el tipo de puerto paralelo del sistema y en el caso de que lo tuviera, el puerto de infrarrojos, activando o desactivando el puerto **LAN** si lo tiene integrado.

```
                  Phoenix - AwardBIOS CMOS Setup Utility
                          Integrated Peripherals
    ► OnChip SATA Device            Press Enter            Item Help
    ► OnChip PCI Device             Press Enter
    ► Onboard PCI Device            Press Enter
    ► Super-IO Device               Press Enter




  ↑↓→←:Move  Enter:Select  +/-/PU/PD:Value  F10:Save  ESC:Exit  F1:General Help
       F5: Previous Values   F6: Fail-Safe Defaults   F7: Optimized Defaults
```

Integrated peripherals

En cuanto a la opción *Power Management Setup,* cabe decir que con ella se configuran las opciones de ahorro de energía del sistema. Desde aquí se activa el suspendido del sistema y se apagan los ventiladores del microprocesador cuando el sistema entra en este modo.

La opción de *Pnp/PCI Configurations* va a permitir configurar los dispositivos "*Plug and Play*" y los puertos **PCI** de la placa base.

 Consejo

Esta opción es la más complicada de todas dado que hay que tener sólidos conocimientos sobre el *hardware,* los puertos de expansión y los dispositivos de "plug and play" Por tanto se recomienda dejar las opciones en auto.

```
                    Phoenix - AwardBIOS CMOS Setup Utility
                          PnP/PCI Configurations
     Resources Controlled By          Auto               Item Help
   x IRQ Resources                  Press Enter

     PCI/VGA Palette Snoop          Disabled






    ↑↓→←:Move  Enter:Select  +/-/PU/PD:Value  F10:Save  ESC:Exit  F1:General Help
        F5: Previous Values   F6: Fail-Safe Defaults   F7: Optimized Defaults
```

PnP/PCI configurations

La opción de *PC Health Status* da información sobre el estado de salud del sistema. Estos datos son:

- Temperatura interior de la torre.
- Temperatura de funcionamiento de la **CPU.**
- Revoluciones por minuto (**RPM**) del ventilador de la caja.
- RPM del ventilador del micro.

Además también permite establecer los valores de aviso cuando se alcancen determinadas temperaturas en el interior de la caja o del microprocesador.

```
                    Phoenix - AwardBIOS CMOS Setup Utility
                             PC Health Status
   ▶ ABIT FanEQ Control            Press Enter           Item Help
     FAN Fail Alarm Selectable     CPU FAN
     Shutdown When FAN Fail        Disabled
     CPU Shutdown Temperature      90°C/194°F
     CPU Warning Temperature       80°C/176°F
     CPU Temperature               40°C/118°F
     SYS Temperature               31°C/ 88°F
     PWM Temperature               35°C/ 95°F
     CPU FAN Speed                 3245 RPM
     SYS FAN Speed                 4218 RPM
     AUX1 FAN Speed                   0 RPM
     AUX2 FAN Speed                   0 RPM
     CPU Core Voltage              1.30V
     DDR2 Voltage                  1.80V
     CPU VTT Voltage               1.20V
     MCH 1.25V Voltage             1.25V
     ATX +12V                     12.00V
     ATX +3.3V                     3.30V

    ↑↓→←:Move  Enter:Select  +/-/PU/PD:Value  F10:Save  ESC:Exit  F1:General Help
        F5: Previous Values   F6: Fail-Safe Defaults   F7: Optimized Defaults
```

PC health status

Con la opción *Load Optimized Defaults* se devuelven todas las opciones de la BIOS al valor original que tenían al ser adquirido el sistema operativo.

El *Setup* permite dotar a la **BIOS** de contraseña , en concreto la opción de *Set Password*.

Existen dos opciones para salir de la **BIOS.** La primera de ellas es *Exit WithOut Saving* que permite salir pero sin guardar los cambios que se hayan realizado en las distintas opciones, procediéndose al reinicio del sistema. *Save & Exit Setup* que hace justamente lo contrario a la anterior opción, es decir, permite abandonar el *Setup* guardando los cambios que se hayan ejecutado y reiniciando el sistema con los valores indicados.

La **BIOS** se localiza físicamente en un circuito integrado en la placa base del sistema. Puede ser actualizada por medio de su *FIRMWARE*, pero este proceso es muy complicado, dado que si mientras se actualiza la **BIOS** se cortara el suministro eléctrico o se apagara el ordenador, se dejaría inservible la placa base.

 Para saber más

Si quieres consultar una BIOS de un fabricante como puede ser ASUS, puede visitar el siguiente enlace:

https://redirectoronline.com/uf04660201

4. Instalación automática

Con instalación desatendida se hace referencia a las instalaciones de *software* en proceso automático. Es decir aquellas en las que no hay que instalar el sistema operativo, escoger las opciones, ejecutar los reinicios, emplazar los drivers y después instalar los programas. Gracias a las instalaciones desatendidas solo hay que insertar el CD/DVD y arrancar el equipo desde esta unidad. Es altamente recomendable en el caso de que no se tengan muchas nociones sobre este tema o haya que probar las configuraciones con máquinas virtuales (con el objetivo de no dañar la propia máquina ni perder datos). Los conceptos claves que se necesita conocer para empezar a trabajar con las instalaciones desatendidas son:

a. ISO: cuando se trabaja con ISO lo que en realidad se hace es trabajar con una copia de un CD/DVD o un disco duro completo bajo un archivo llamado ISO.

b. *Windows* AIK: sirve para poder programar el sistema operativo de forma desatendida.

c. CD/DVD ORIGINAL del sistema operativo: de aquí se sacan las imágenes de las aplicaciones.

d. UltraISO: programa que permite crear ISO para después dárselas a la maquina virtual y emular un CD/DVD. Se recomienda tenerlo instalado.

e. VirtualPC: máquina virtual gratuita de Microsoft. Muy adecuada para este cometido.

f. *Windows* PE: *Windows Preinstallation Envorioment* (entorno *Windows* de preinstalación) es el *software* con el que se va a trabajar para obtener las instalaciones desatendidas.

Como ejemplo, se tratará de explicar una instalación desatendida de un *Windows Vista Bussines.* Para ello, habrá que descargar el *software* necesario para poder hacerlo desde la siguiente dirección web: <http://www.microsoft.com/downloads/es/details.aspx?FamilyID=94BB6E34-D890-4932-81A5-5B50C657DE08>. Una vez descargado se graba en un CD y se procede a ejecutar. Saldrá una ventana y se deberá elegir la opción de **Instalación de Windows AIK.** Una vez instalado el *Windows* AIK se procederá a obtener una imagen de Windows PE base que se contemplará con la copia original (CD/DVD) que se posee. Para ello se accede al menú de inicio, todos los programas, *Windows* AIK y se ejecuta como administrador del sistema el *símbolo del sistema de herramientas de Windows* PE. Una vez ejecutado se abrirá una consola de **CMD** en la que se tendrá que introducir los siguientes comandos:

1. *Copype.cmd x86 c:\winpe*. Se crea en el disco duro una carpeta llamada *wimpe* con la que se va a trabajar en el proceso. Si fuera AMD se usaría *amd64* en vez de *x86*.

2. *Imagex /mountrw c:\winpe\winpe1.wim 1 c:\wimpe\mount* con esto se procede a montar una imagen en el directorio *\mount*, en concreto es una imagen de **Windows PE** básico.

3. Se crea el directorio *tools* dentro de *c:\winpe\iso* quedando este directorio de la siguiente manera *c:\winpe\iso\tools*.

4. A continuación se modifica un fichero que se encuentra localizado en *c:\winpe\mount\windows\system32* y el archivo se llama *"startnet.cmd"*. Se abre con un **Notepad** y se le agrega la siguiente línea al final *d:\inicio.bat*. Lo que se le dice a este archivo es que cuando termine de ejecutarse llame al archivo *inicio.bat* que se encuentra en la unidad de CD/DVD.

5. El siguiente paso es la carga de paquetes adicionales, para ello se ejecutarán las siguientes instrucciones:

   a. "peimg/install=winpe-hta-package
   b. c:\winpe\mount\windows".
   c. (Compatibilidad de aplicaciones **HTML**).
   d. "peimg/install=winpe-mdac-package c:\winpe\mount\windows".
   e. (Compatibilidad con "**Microsoft Data Access Components**").
   f. "peimg/install=winpe-scripting-package c:\winpe\mount\windows".
   g. (Compatibilidad con "**Windows Script Host**").
   h. "peimg /install=winpe-srt-package
   i. c:\winpe\mount\windows".
   j. (Componente de **entorno de recuperación de Windows**).
   k. "peimg/install=winpe-xml-package
   l. c:\winpe\mount\windows".
   m. (Compatibilidad con **Microsoft XML**).

6. Ahora hay que crear una lista de exclusión para que ciertos archivos no sean usados. Se crea en la ruta *c:\winpe\iso\tools* el archivo con el nombre *Wimscript.ini* y con el siguiente contenido:

   ▪ [ExclusionList]

   ▪ Ntfs.log.

ı Hiberfil.sys.

ı Pagefile.sys.

ı System Volume Information.

ı RECYCLER.

ı Windows\CSC.

ı [CompressionExclusionList]

ı *.mp3.

ı *.zip.

ı *.cab.

ı \Windows\inf*.pnf.

7. A continuación se desmonta la imagen básica de **WINDOS PE.** Para ello se usa el siguiente comando: *imagex /umount c:\winpe\mount /commit.*

8. Con el programa **UltraISO** se crea un **ISO** que contenga el contenido de la carpeta *c:\winpe\iso* y del menú *Autoarrancable/Bootable* se selecciona *Cargar información de autoarranque/load boot file* y se apunta al archivo que se encuentra en *c:\winpe\etfsboot.com* y procediendo a guardar la imagen como *winpe.iso.*

9. Se crea una nueva máquina virtual y se instala en ella el sistema operativo legal que tiene CD/DVD. Una vez instalado el sistema operativo se hará lo mismo con las aplicaciones que más comúnmente se usen (**Microsoft Office, Pdf,** antivirus, etc.). Es recomendable iniciar al menos dos veces las aplicaciones que se instalen para evitar las pantallas de bienvenida. Una vez llevada a cabo esta aplicación se ejecuta el siguiente comando desde menú de inicio *c:\windows\system32\sysprep\ sysprep.exe/oobe /generalize /shutdown* con la siguiente información:

   a. */generalize*: sirve para que se pueda realizar la copia del sistema operativo y cuando se instale en otra máquina con otro *hardware* asociado no de problemas ni pantallazos azules.

   b. */oobe*: sirve para reiniciar el equipo en el modo de bienvenida de Windows para que los usuarios finales configuren su entorno de trabajo.

   c. */shutdown*: apaga el sistema después de completarse el programa **sysprep.**

10. El siguiente paso es fusionar la copia de **Windows PE base** con la que crear el sistema operativo legal que se acaba de instalar. Para ello se usa la imagen *Winpe.iso* (que es la que se genera con el **UltraISO)** y se arranca la máquina virtual con ella. Aparecerá una pantalla de **CMD** (esta operación tarda en torno a los 5–10 minutos) y se escribirá lo siguiente *d:\tools\imagex.exe /compress fast /capture c: c:\vistaua.wim Vista Bussines Personal /verify* y se procederá a copiar al sistema operativo en un archivo llamado vistaau.wim y que se alojará en el disco duro.

11. Una vez terminado el paso anterior, libera a la máquina virtual del *Winpe.ISO* y arranca el sistema operativo legal. Una vez terminado esto y cargado el sistema operativo se instalará **Virtual Machine Additions.**

12. Una vez instalado se selecciona el fichero que se encuentra en *c:\vistaau.wim* y se arrastra hasta el escritorio dentro de una carpeta que se creará con el nombre *Vista Desatendido*.

13. En este punto se procede a crear el archivo de inicio.bat dentro de la carpeta del escritorio *Vista Desatendido* con la siguiente información:

   - echo
   - DISKPART /S d:\diskpart.txt
   - echo sl format c: /q /FS:NTFS /v:Vista
   - copy d:\unattend.xml c:\
   - d:\tools\magex.exe /apply d:\vistaua.wim 1 c:\
   - wpeutil reboot.

14. Dentro de *Vista Desatendido* se crea el archivo *Diskpart.txt*. Es importante saber que este archivo borra por completo el disco duro, crea uno de 40gb y lo formatea. De ahí la importancia de realizarlo sobre maquinas virtuales. El contenido de este fichero es:

   - select disk 0
   - clean
   - create partition primary size=40000
   - select partition 1
   - active
   - exit.

15. Ahora se procederá a crear el archivo para que Windows trabaje desatendidamente. En concreto este archivo se llama unattend.xml y se obtendrá con el programa AIK. Para ejecutarlo se siguen los siguientes pasos: **Inicio -> todos los programas -> Microsoft Windows Aik -> Administrador de Imágenes del Sistema de Windows.**

16. Se accede a la unidad donde se ubica el sistema operativo legal y en concreto a la ruta X:\SOURCES para copiar en el escritorio el archivo Install.wim.

17. Desde el programa anterior se pincha en **Archivo** y luego en **Seleccionar imagen de Windows** y se navegará hasta poder abrir el archivo del escritorio Install.wim. Es posible que en el momento de abrirlo salga una advertencia indicando si se quiere crear un catálogo clg. Tras aceptar esta advertencia, en una nueva ventana, se elegirá la versión de Vista Bussiness. Una vez realizado este paso se observa como la parte correspondiente a **Imagen de Windows** del programa se rellena con dos objetos: componentes y paquetes (de la que se seleccionará componentes).

18. En el menú de archivo se crea un nuevo archivo de respuesta. Una vez realizada esta operación se puede ver como la parte del programa de **Archivo de respuesta** se rellena con componentes y con paquetes. En concreto los componentes vienen por etapas. La tarea para automatizar Windows es ir añadiendo componentes de la Imagen de Windows a los componentes del **Archivo de respuesta**. A estos últimos se le darán los valores adecuados para la automatización.

19. Se añaden los siguientes componentes:

    a. Microsoft-Windows-Shell-Setup (4 Especialice).

    b. Microsoft-Windows-International-Core (7 oobeSystem)

    c. Microsoft-Shell-Setup\OOBE   (7 oobeSystem)

    d. Microsoft-ShellSetup\UserAccounts\AdministratorPassword

    e. Microsoft-ShellSetup\UserAccounts\AdministratorPasswor
       Microsoft-Shell-Setup\UserAccounts\LocalAccount

    f. Microsoft-Shell-Setup\AutoLogon (7 oobeSystem)

20. Se procederá a dar los valores correspondientes:

    a. Microsoft-Windows-International-Core

    I InputLocale = 0x0000040a

    I SystemLocale = UILanguage = UserLocale = es-ES

b. Microsoft-Windows-Shell-Setup

    I Computer Name = Vista Pruebas

    I CopyProfile = true

    I Product Key = Se introduce la licencia del vista business.

    I TimeZone = Romance Standard Time

c. Microsoft-Shell-Setup\OOBE

    I HideEULAPage = true

    I NetworkLocation = Work

    I ProtectYourPC = 3

d. Microsoft-Shell-Setup\UserAccounts\AdministratorPassword

    I Value = <contraseña>

e. Microsoft-Shell-Setup\UserAccounts\LocalAccount

    I DisplayName = Este es el usuario.

    I Name = Usuario

    I Value = <contraseña>

    I Group = administradores.

f. Microsoft-Shell-Setup\AutoLogon

    I Username = unusuario

    I Enabled = true

    I LogoCount = 2

    I Password = <contraseña>

21. Una vez introducidos estos valores se pincha en **Herramientas** y **Validar archivo de respuesta.** Si hubiese fallos se deberían revisar todos los datos por si se ha dejado algo sin rellenar.

22. Una vez que todo funcione correctamente, se pincha en **Archivo** y **Guardar archivo de respuesta como** y se guardará en el escritorio dentro de la carpeta **Vista Desatendido** con el nombre unattend.xml.

23. Se abrirá el Winpe.iso con el **UltraISO** y se le añadirá la información que existe en la carpeta **Vista Desatendio.** Se guarda la imagen con el nombre de vistadesatendio.iso.

5. Instalación de *drivers*

Un *driver* es un programa controlador por el que el sistema operativo da órdenes a los distintos dispositivos. Por ejemplo, una impresora lleva un *driver* asociado para que el sistema operativo pueda darle la orden de impresión de un determinado archivo. Sin este driver sería imposible la comunicación del sistema operativo con el *hardware*.

 Nota

Lo normal es que cuando se instala un sistema operativo este reconozca e instale automáticamente todos los *drivers* asociados al *hardware* que hay ubicado en el sistema. Pero a veces puede ocurrir que ese *hardware* sea demasiado antiguo o bien justamente lo contrario, es decir, que el sistema operativo sea antiguo y el *hardware* demasiado novedoso, en ese caso se tendrá que hacer uso de los *drivers*.

Normalmente, cuando se adquiere un nuevo *hardware* suele venir acompañado de un **CD/DVD** que trae, aparte de la información necesaria, los drivers para instalárselos a ese sistema operativo. En caso de que no hubiera **CD** o **DVD,** también se puede acceder a la página web del fabricante del *hardware* y en el área de soporte obtener los *drivers* necesarios.

Dotar al sistema operativo de *drivers* es tan fácil como ejecutar un programa de instalación, normalmente *setup.exe* que lo que hace es copiar los archivos que necesita ese dispositivo *hardware* en las carpetas que el sistema tiene destinadas a ellos, de tal manera que cuando necesite comunicarse con este dispositivo accederá a estas carpetas para conseguir información sobre cómo hacerlo.

Para saber si los *drivers* están instalados correctamente, se accede al **Informador de *Hardware*** del sistema operativo que indica con que dispositivos se comunica el sistema.

6. Instalación sistema operativo. *Windows*

Para la instalación de un sistema operativo de la familia *Windows* lo primero es pasar por el sitio web para proceder a su descarga tal y como se puede observar en la siguiente imagen:

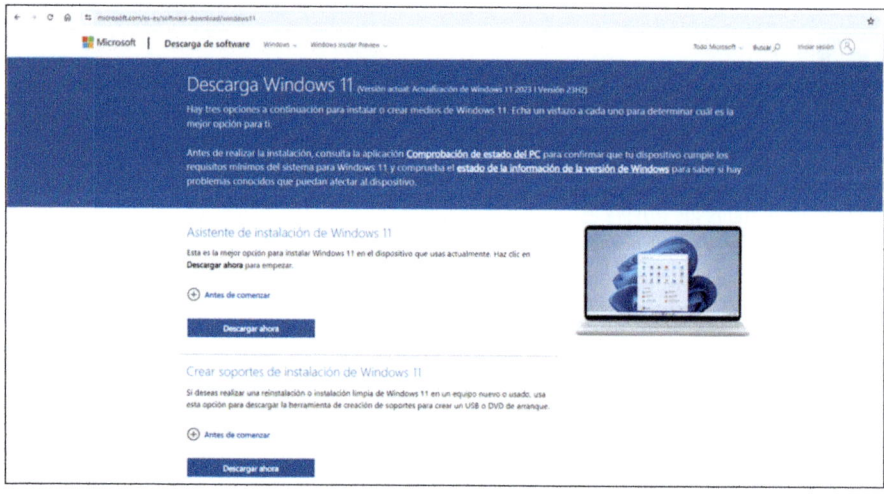

Sitio web de Microsoft para la descarga de Windows 11

Una vez en la página anterior, se pulsa en el botón etiquetado como **Descargar ahora** de *Crear soportes de instalación* de *Windows 11*. Una vez pulsado, se descargará un programa (llamado MediaCreationTool_Win11_23H2.exe) el cual se va a ejecutar para obtener la siguiente imagen:

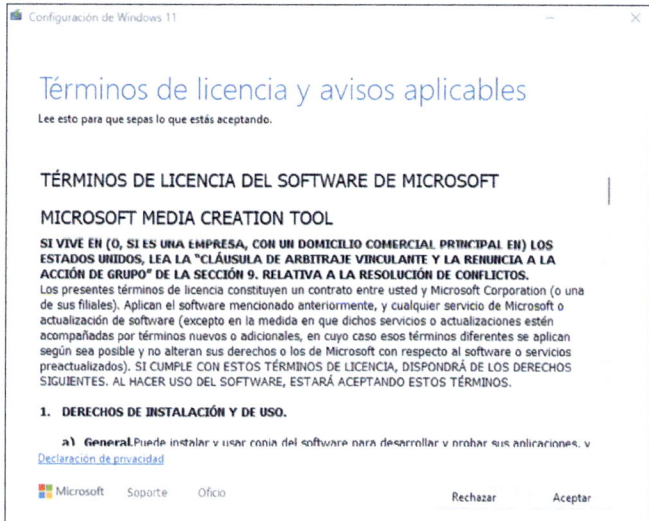

Pantalla principal de MediaCreationTool

Desplazar la barra lateral hasta el final y pulsar en **Aceptar** para obtener la siguiente pantalla:

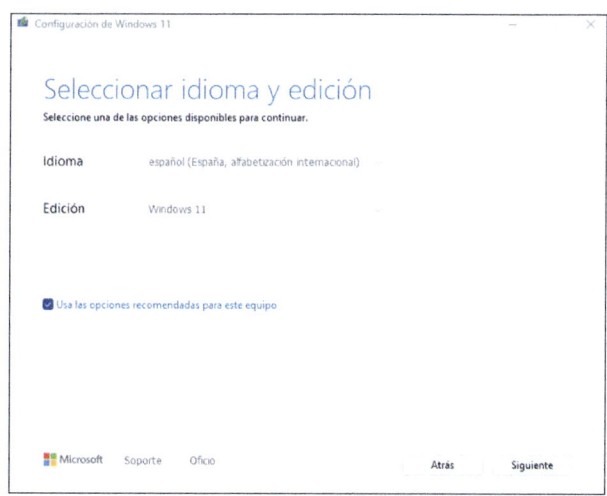

Configuración de la instalación de Windows a descargar

En la pantalla anterior se puede descargar una copia de la instalación de *Windows 11* basándose en las características del equipo desde el cual se está realizando la descarga. En el caso de que no sea así, simplemente bastaría con no seleccionar el *checkbox* etiquetado como "Usa las opciones recomendadas para este equipo" y configurar la Edición de *Windows* que se quiere usar para la instalación. Pulsar sobre **Siguiente** para obtener la siguiente pantalla:

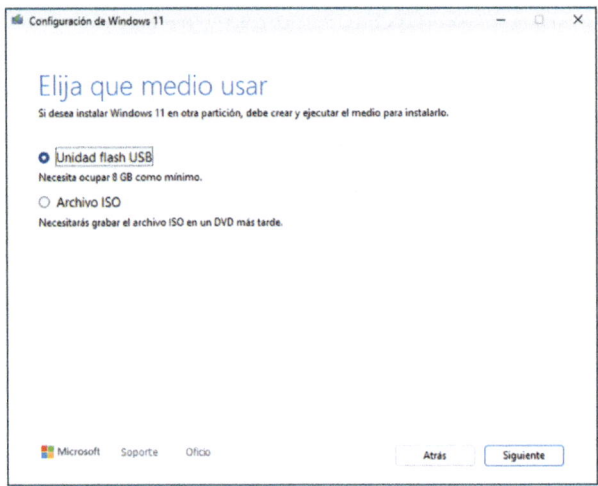

Medio donde se va a realizar la instalación de Windows 11 para su uso

En la pantalla anterior se permite seleccionar dos medios para realizar la descarga de la instalación de *Windows 11:*

- **Unidad flash USB.** En este caso se realiza la descarga de la instalación de *Windows 11* sobre una unidad flash usb que luego se puede insertar en un equipo informático para arrancar desde ella y proceder con la instalación de *Windows 11.* Es importante anotar que la capacidad mínima del PenDriver USB es de 8GB.
- **Archivo ISO.** Es el que se suele utilizar para los entornos de las máquinas virtuales. En este caso se trata de un archivo, en formato ISO, desde el cual se puede arrancar una máquina virtual para proceder en ella con la instalación de *Windows 11,* que será el ejemplo que se va a seguir en este manual.

Importante

Si lo que quiere es montar un USB con arranque de la instalación de *Windows*, acceda a la documentación que aparece en el siguiente enlace:

https://redirectoronline.com/uf04660202

En este caso, se va a pinchar en "Archivo ISO" y en **Siguiente** para obtener la siguiente pantalla:

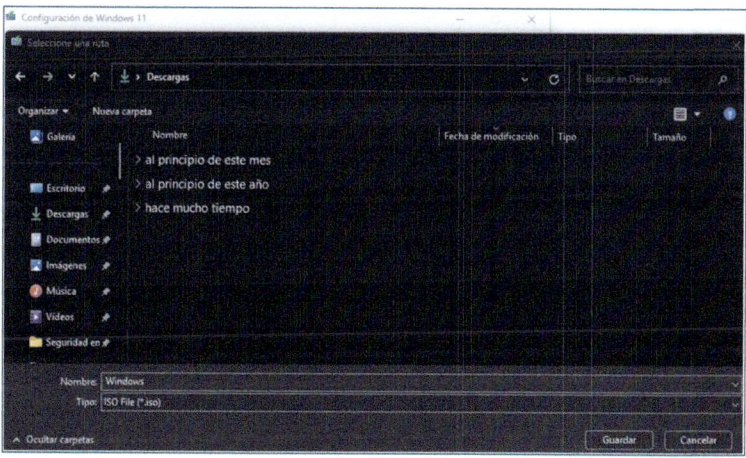

Elección de la carpeta donde guardar la ISO de Windows 11

Pulsar en **Guardar** y se obtendrá la siguiente pantalla:

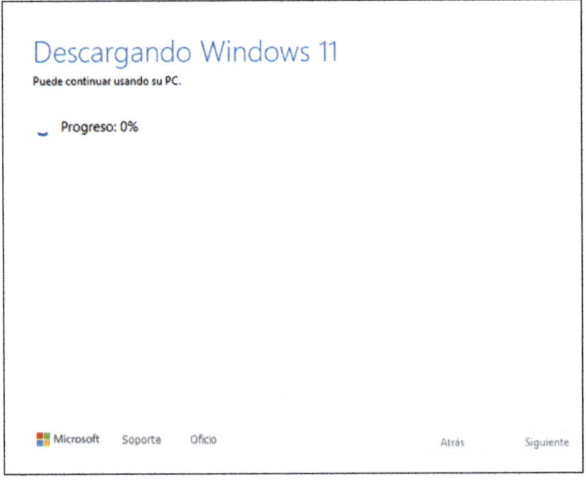

Descarga de la ISO de Windows 11

Hay que ser pacientes hasta que se complete la descarga para obtener la siguiente pantalla:

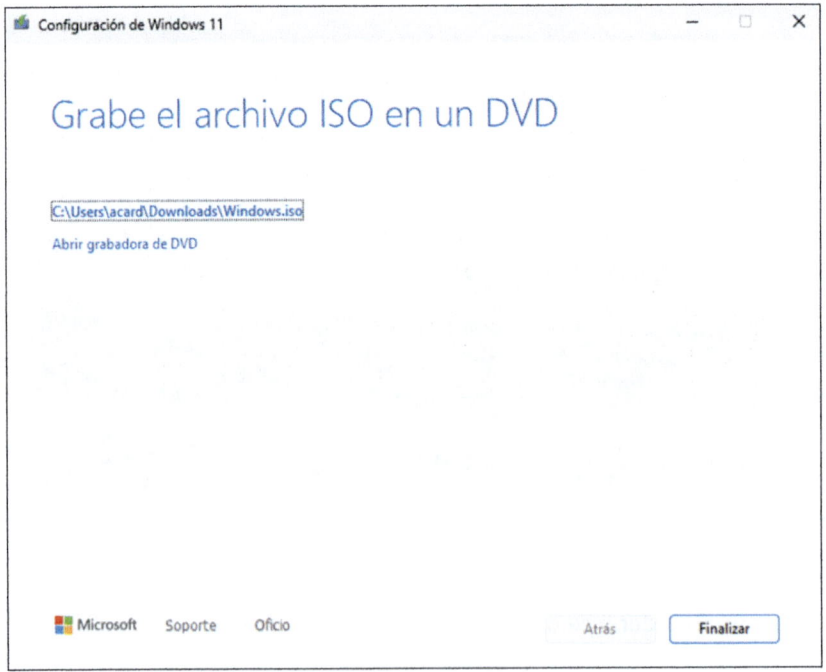

Pantalla de finalización del proceso de creación del medio de instalación de Windows 11

Pulsar en el botón **Finalizar** con el propósito de que el propio programa elimine los archivos temporales que ha creado. A continuación, se usará la ISO que se acaba de descargar en VirtualBox para proceder a montar una máquina virtual con *Windows 11.*

 Para saber más

Aprenda a configurar a VirtualBox para trabajar con la ISO de *Windows 11* consultando la información a través del siguiente enlace:

https://redirectoronline.com/uf04660203

En la siguiente pantalla se puede ver el proceso de arranque e instalación de dicho sistema operativo:

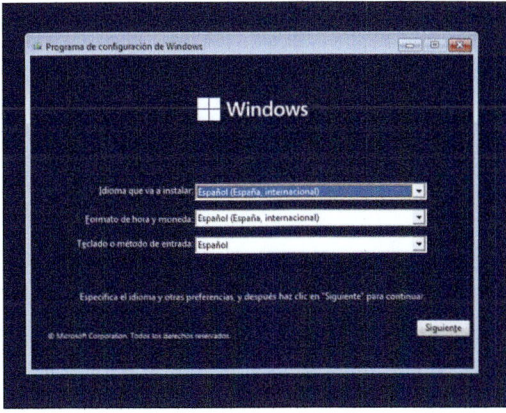

Pantalla de configuración de la instalación de Windows 11

En la pantalla anterior lo primero de todo es seleccionar el idioma en que quiere que se realice la instalación de *Windows 11,* el formato de hora y moneda y el teclado o método de entrada, se dejará los valores que vienen por defecto asociados al idioma Español. Pulsar en **Siguiente** para obtener la siguiente pantalla:

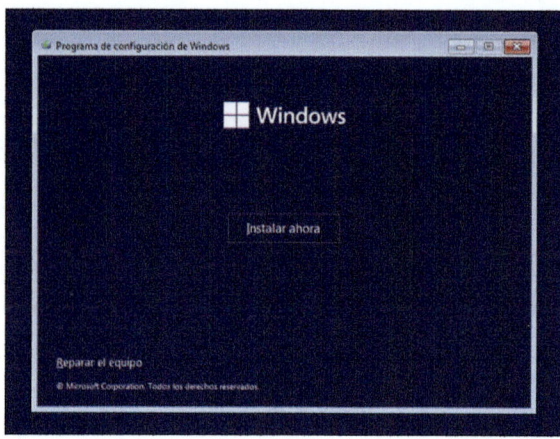

Comienzo del proceso de instalación de Windows 11

En la pantalla anterior, pulsar en el botón **Instalar ahora** para comenzar el proceso de instalación de *Windows 11* sobre la máquina, una vez pulsado se obtendrá la siguiente imagen:

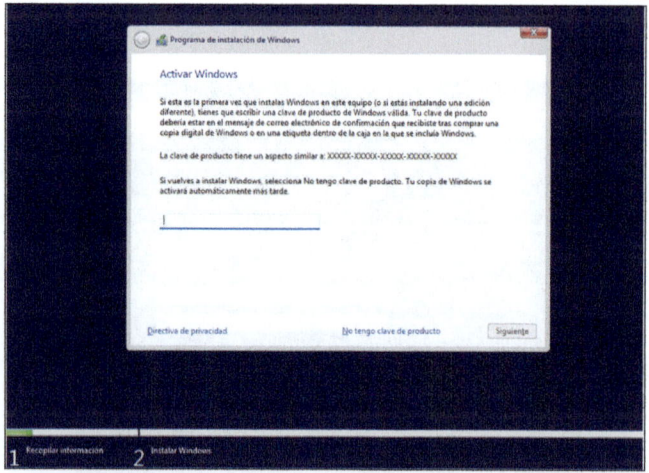

Pantalla de activación de Windows 11

En este caso, no se va a insertar un código de activación, más abajo a la derecha hay un *link* que dice "No tengo clave de producto" que es donde se va a pinchar para obtener la siguiente pantalla:

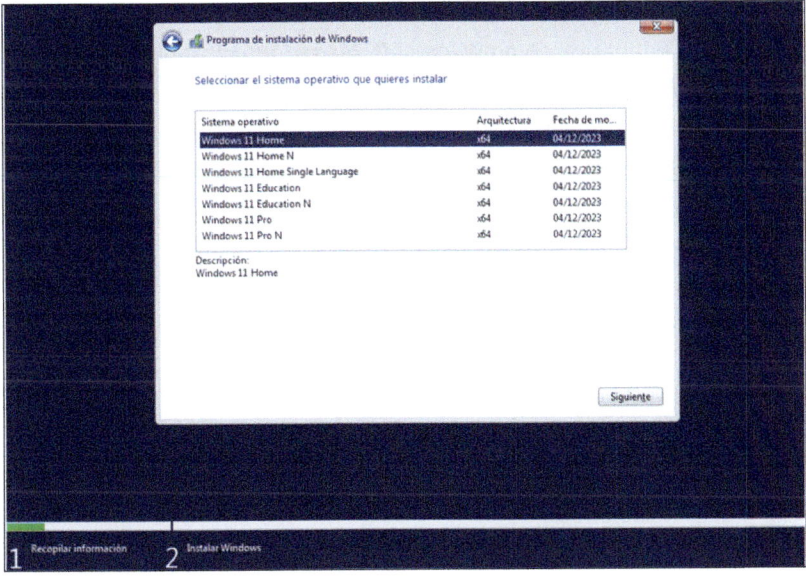

Elección del tipo de Windows 11 a instalar en la máquina

En la pantalla anterior, se dispone de un listado de las distintas versiones que hay disponibles para *Windows 11* y que es bueno conocer:

- **Windows 11 Home.** Esta es la versión estándar de *Windows 11* destinada a usuarios domésticos. Incluye todas las funciones esenciales para el uso personal, como el nuevo diseño de interfaz de usuario, *Widgets, Microsoft Edge, Microsoft Store,* y la capacidad de ejecutar aplicaciones de Android. Está pensada para usuarios que no necesitan las características avanzadas de seguridad y gestión que se encuentran en versiones superiores.

- **Windows Home Single Language.** Es similar a *Windows 11 Home* pero con una diferencia importante: solo permite usar un idioma. Está destinada a mercados donde se usa un único idioma de forma predominante, ofreciendo así una experiencia más simplificada y directa.

- **Windows 11 Education.** Esta versión está diseñada específicamente para entornos educativos. Incluye todas las características de *Windows 11 Home,* además de herramientas adicionales para estudiantes y profesores. Por ejemplo, tiene configuraciones optimizadas para la administración de dispositivos en un entorno escolar y aplicaciones de colaboración educativa como *Microsoft TeamsforEducation.* Está destinada a facilitar la gestión y uso de dispositivos en instituciones educativas.
- **Windows 11 Pro.** Esta versión está dirigida a usuarios profesionales y pequeñas empresas. Incluye todas las características de *Windows 11 Home* más funcionalidades adicionales de seguridad, administración y productividad. Algunas de estas características son:

  - *BitLocker:* para cifrar discos duros.
  - *GroupPolicy:* para la administración avanzada de configuraciones en una red de trabajo.
  - *Remote Desktop:* para acceder de forma remota a tu PC.
  - *Windows Updatefor Business:* para tener mayor control sobre las actualizaciones.
  - *Hyper-V:* para crear y gestionar máquinas virtuales.

En la instalación de *Windows 11,* las versiones con la letra "N" hacen referencia a ediciones especiales del sistema operativo que no incluyen ciertas aplicaciones y funcionalidades multimedia preinstaladas. La "N" proviene de una decisión de la Comisión Europea y otras reguladoras de la competencia para asegurar una mayor elección y competencia en el mercado de *software* multimedia. ¿Por qué existen las versiones "N"? La Comisión Europea dictaminó que Microsoft estaba infringiendo las leyes antimonopolio al incluir su propio *software* multimedia (como *Windows Media Player)* en su sistema operativo de manera predeterminada. Para cumplir con estas regulaciones, Microsoft creó las ediciones "N" de sus sistemas operativos a partir de *Windows XP.*

Volviendo a la instalación, se va a seleccionar la opción de **Windows 11 Home** y a continuación pulsar en **Siguiente.** Se obtendrá la siguiente pantalla:

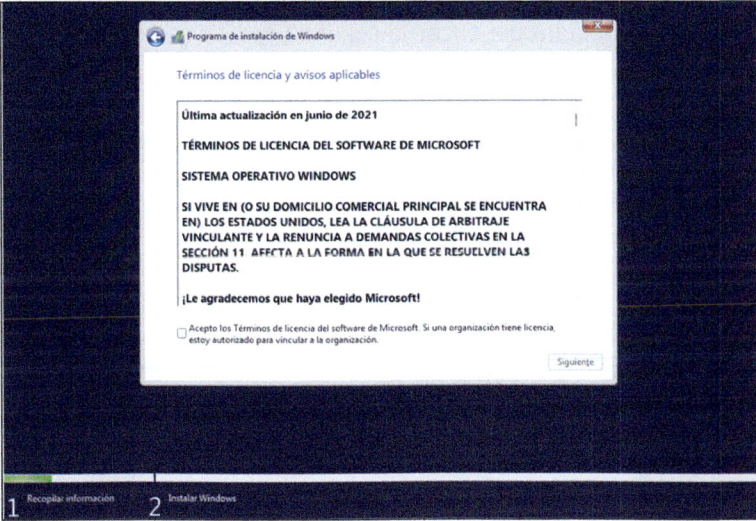

Aceptación de los términos de licencia de Windows 11

En la pantalla anterior hay que seleccionar o activar **Acepto los Términos de licencia...** y a continuación, pulsar en **Siguiente**.

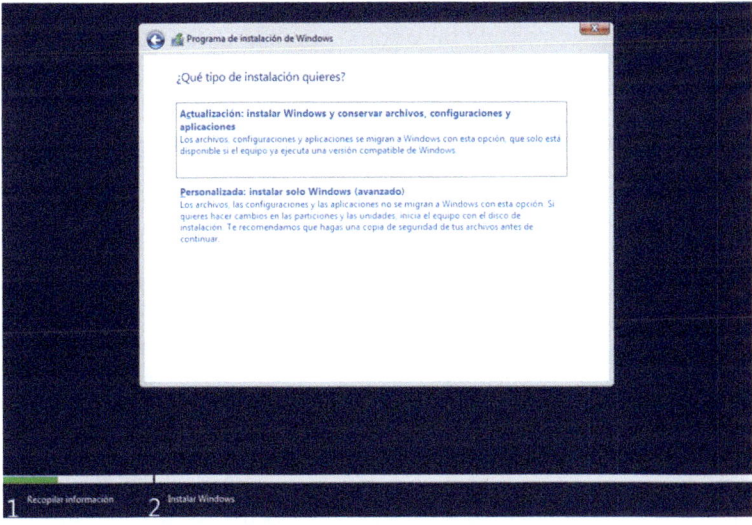

Elección del tipo de instalación de Windows 11

En este caso se optará por clicar la segunda opción que se ofrece, "Personalizada: instalar solo Windows (avanzado)".

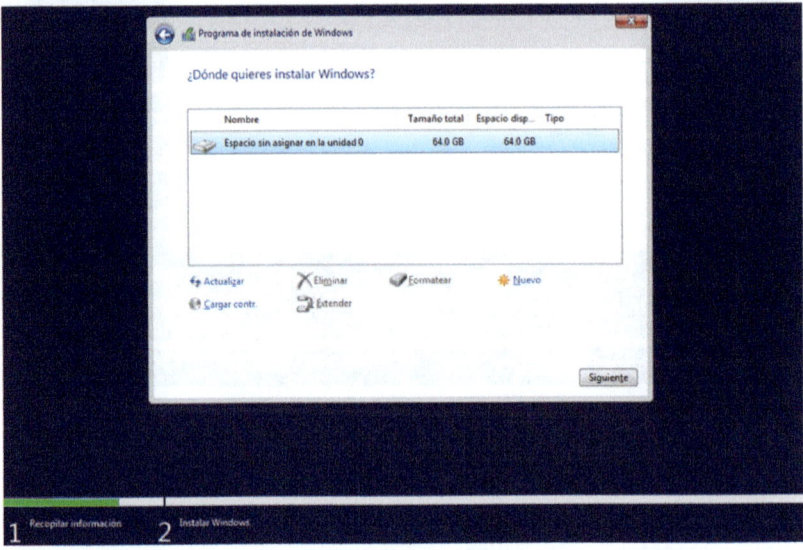

Asignación del medio de almacenamiento masivo para la instalación de Windows 11

Se dejará todo seleccionado tal y como aparece en la imagen anterior y se pulsará en **Siguiente** para obtener la siguiente pantalla:

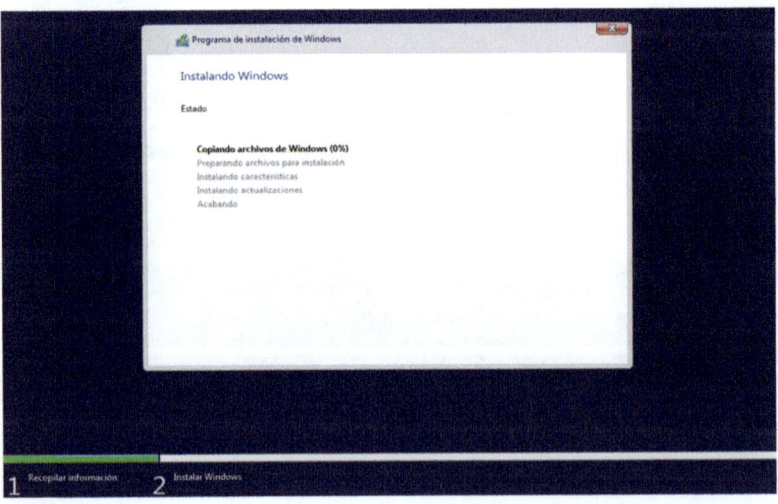

Instalación de Windows 11

En este caso se tendrá que ser pacientes a que termine el proceso de copia de archivos, de preparación y de archivos, de instalación de características y de instalación de actualizaciones (que dependerá de las capacidades del equipo sobre el que se esté instalando); una vez que finalice la instalación de todo lo anterior, el equipo se va a reiniciar automáticamente.

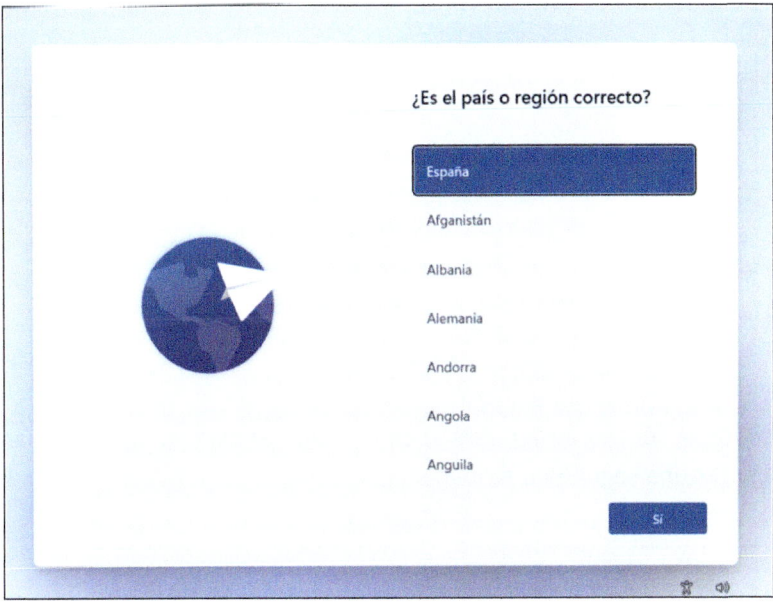

Pantalla de configuración de Windows 11 tras el reinicio del equipo

En la anterior, tras seleccionar el país, pulsar en **Sí** para pasar a la siguiente pantalla.

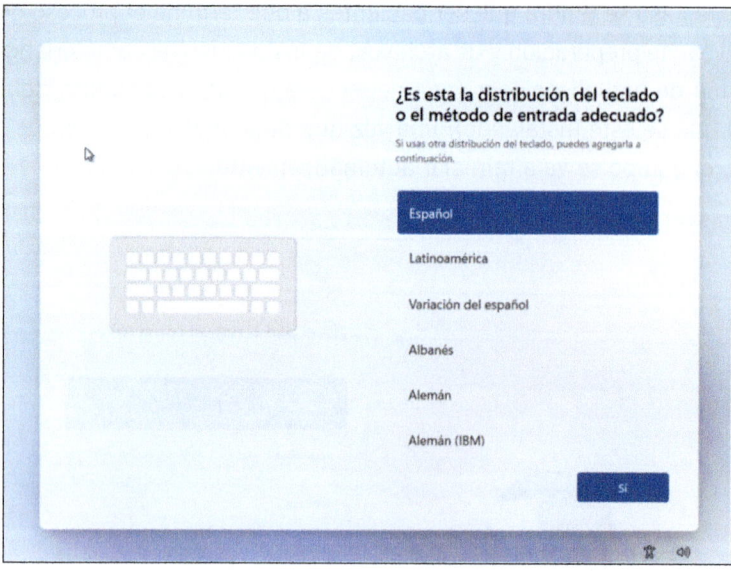

Configuración de la distribución del teclado en Windows 11

A continuación, volver a pulsar sobre el botón **Sí** para acceder a la pantalla para agregar una segunda distribución del teclado.

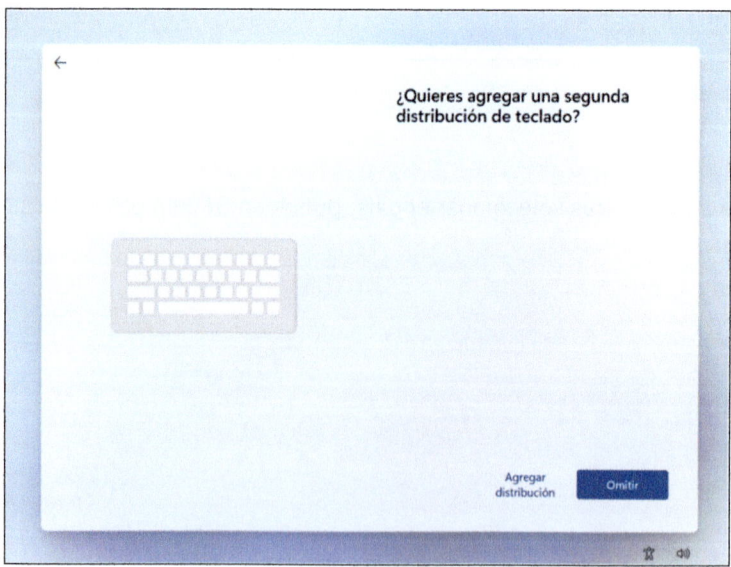

Configuración de la segunda distribución del teclado

En la pantalla anterior pulsar en **Omitir,** seguidamente se tendrá que ser paciente porque se realizarán una serie de actualizaciones hasta obtener la siguiente pantalla:

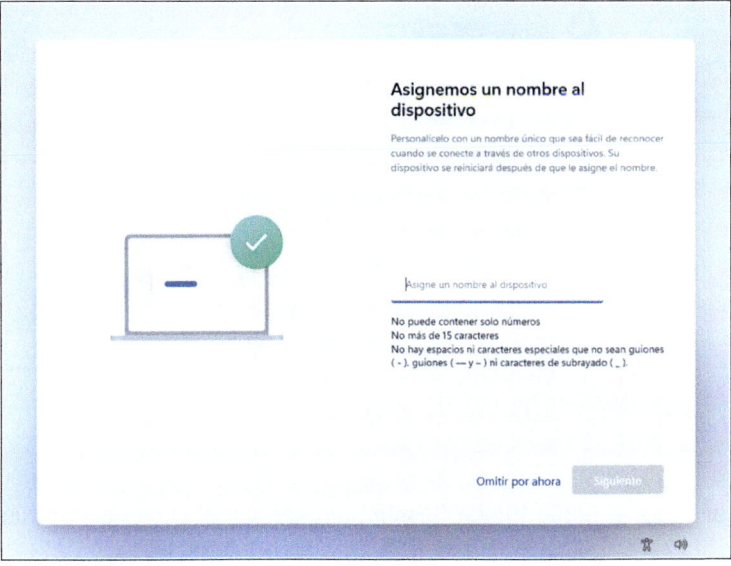

Configuración del nombre del dispositivo que tiene instalado Windows 11

Se puede asignar un nombre al equipo sobre el cual se está instalando *Windows,* una vez asignado el nombre el botón **Siguiente** se activará para pulsar sobre él y después de que el equipo se reinicie se va a obtener la siguiente pantalla:

Pantalla de desbloqueo de experiencia de Windows 11

Pulsar sobre el botón **Iniciar Sesión** para agregar el correo electrónico.

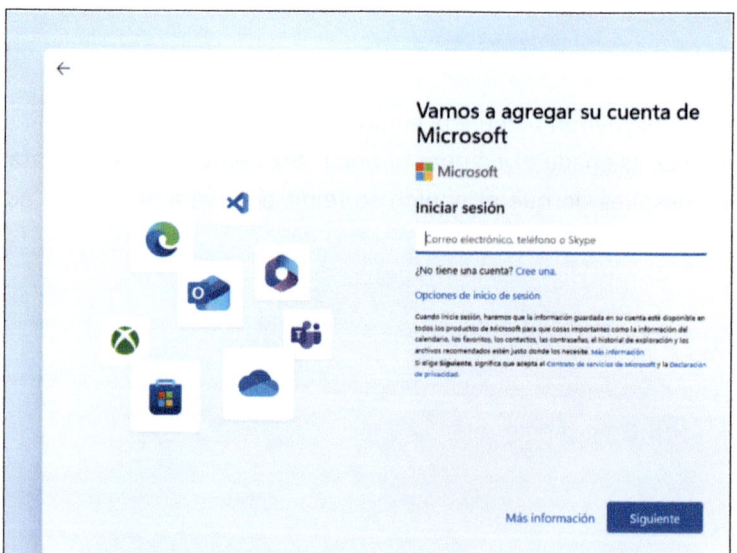

Pantalla de registro de correo electrónico

En la pantalla anterior hay que introducir un correo que pertenezca a Microsoft *(Hotmail* u *Outlook)* para que sirva de inicio de sesión. Una vez introducido el correo correspondiente, pulsar en **Siguiente**.

Inicio de sesión en Windows 11 con correo de Microsoft

Se incluye la contraseña y se pulsa en **Iniciar Sesión**.

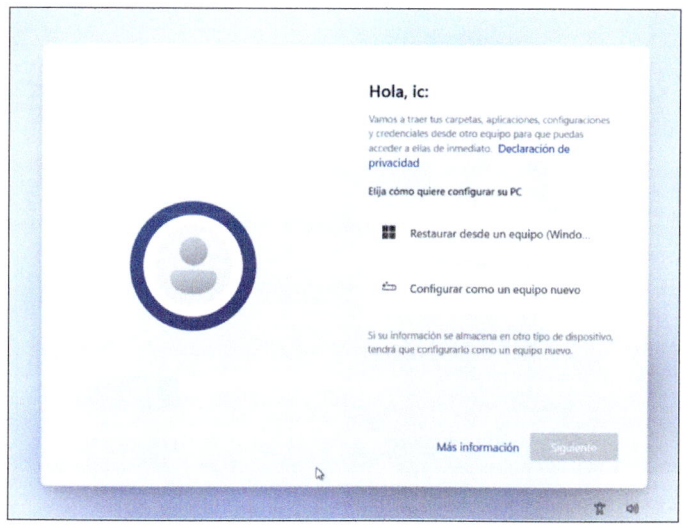

Inicio de sesión en Windows 11 con correo Microsoft.

En la pantalla anterior se escogerá la opción **Configurar como un equipo nuevo** y se pulsará en **Siguiente** para obtener la siguiente pantalla:

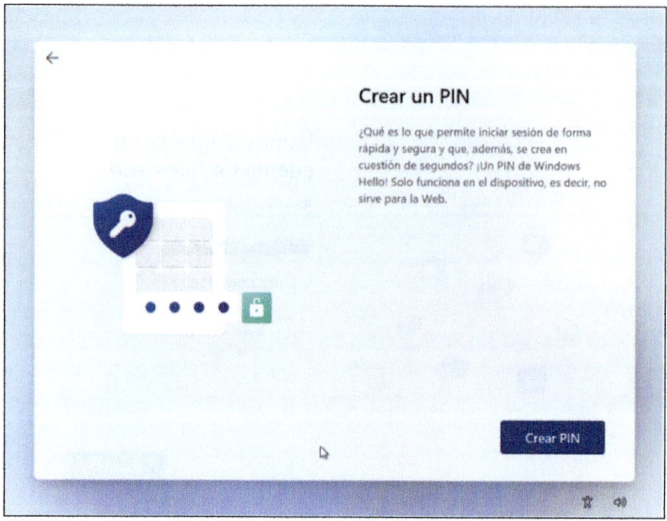

Elección del pin de inicio de sesión en Windows 11

En la pantalla anterior, pulsar **Crear PIN**.

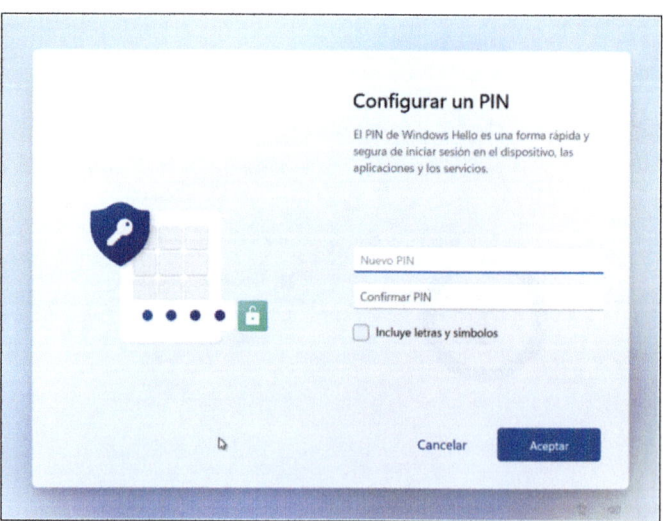

Creación del PIN en Windows 11

A continuación, introducir el PIN que se va a usar para iniciar sesión. Una vez introducido, pulsar en **Aceptar**.

Elección del acceso a internet

Pulse en **Siguiente** para obtener:

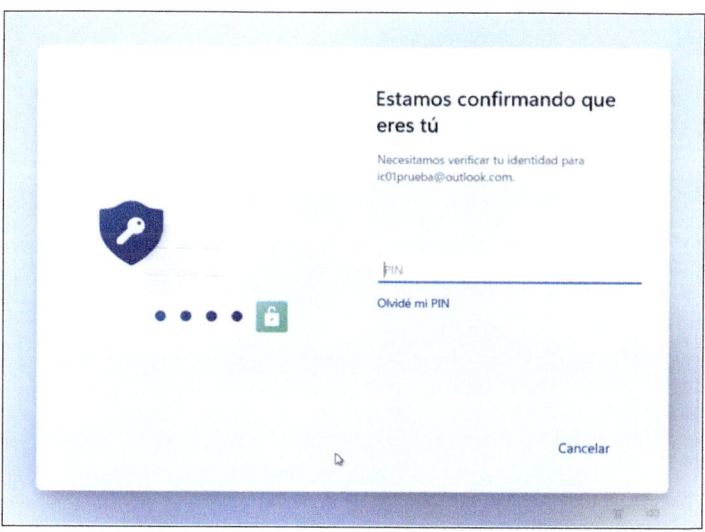

Introducción de PIN para inicio de sesión

Introducir el PIN escogido anteriormente y automáticamente se obtendrá la siguiente pantalla:

Elección del acceso a la ubicación

En este caso se seleccionará la opción **No** y se pulsará en **Aceptar.**

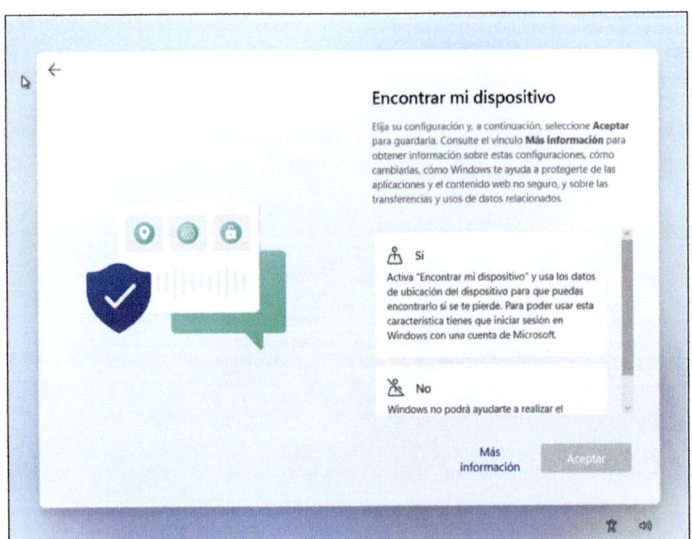

Localización de dispositivo móvil

En la pantalla anterior escoger **No** y pulsar en **Aceptar** para obtener:

Elección del envío de datos a Microsoft

Seleccionar **Solo obligatorios** y pulsar el botón **Aceptar.**

Elección de las entradas manuscritas

En la pantalla anterior escoger **No** y pulsar en **Aceptar** para obtener:

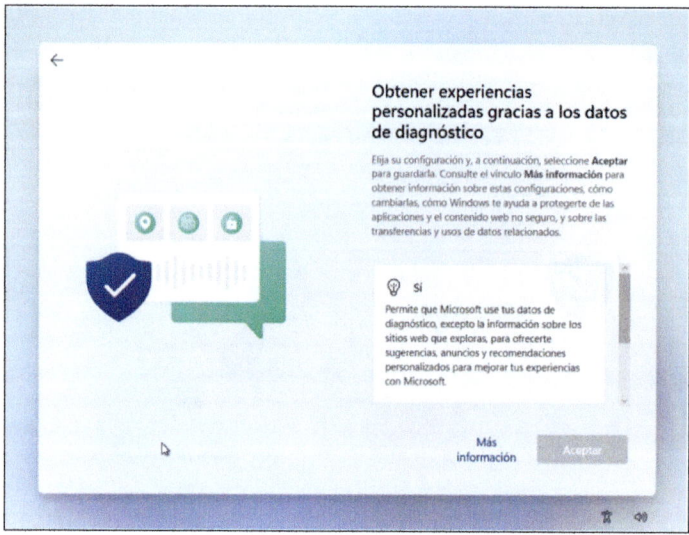

Elección de experiencias personalizadas

En la pantalla anterior escoger **No** y pulsar en **Aceptar** para obtener:

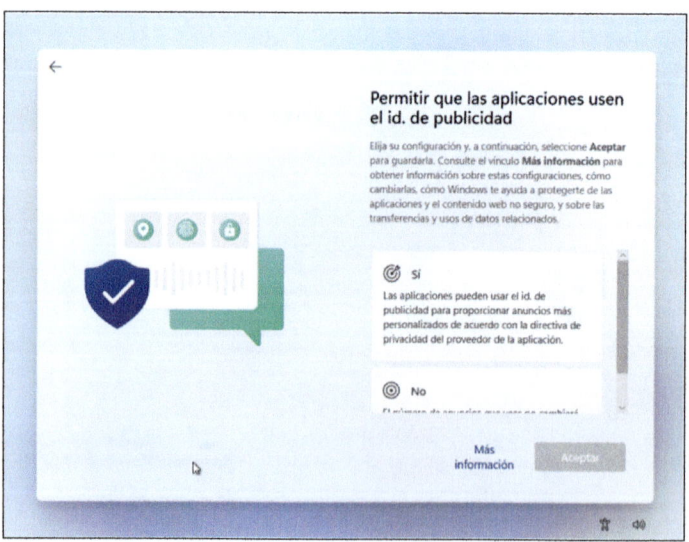

Elección de la publicidad

En la pantalla anterior escoger **No** y pulsar en **Aceptar** para obtener:

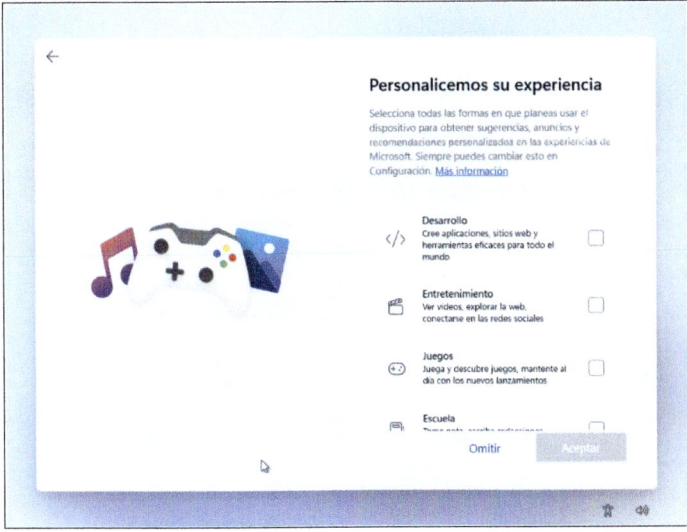

Elección del comportamiento del sistema operativo

En la pantalla anterior escoger las opciones que se consideren necesarias y una vez realizado, pulsar en **Aceptar** para obtener lo siguiente:

Conexión del Móvil con Windows 11

Pulsar en **Omitir** para obtener la siguiente pantalla:

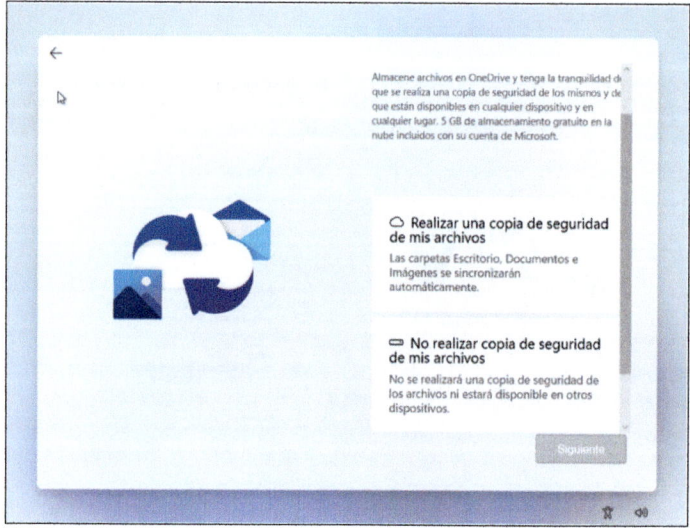

Elección de la realización de la copia de seguridad

Seleccionar "No realizar copia de seguridad de mis archivos" y pulsar en **Siguiente** para obtener:

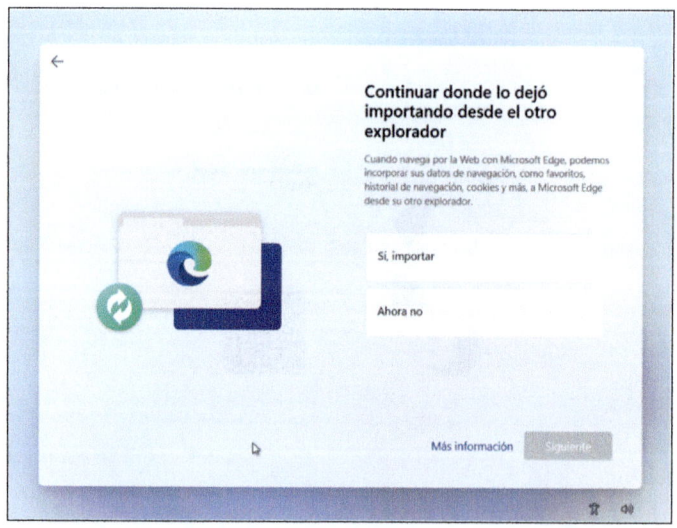

Configuración de las importaciones del navegador

Pulsar en "Ahora no" y en **Siguiente** para obtener:

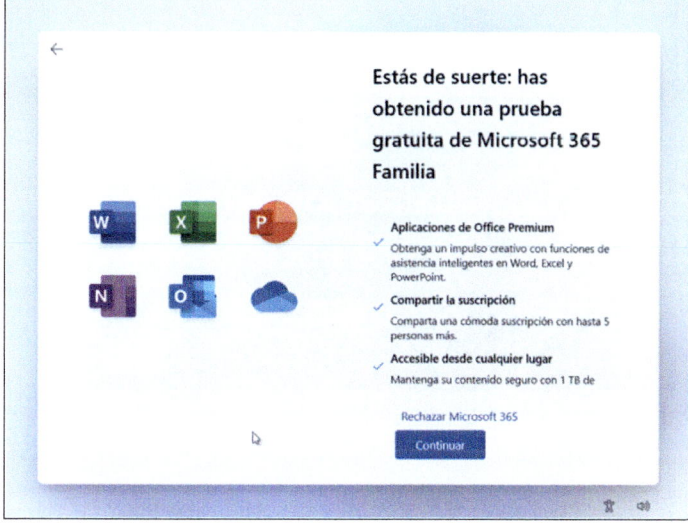

Elección de la familia Office de Microsoft

En la pantalla anterior se pincha en la opicón "Rechazar a Microsoft 365" para obtener:

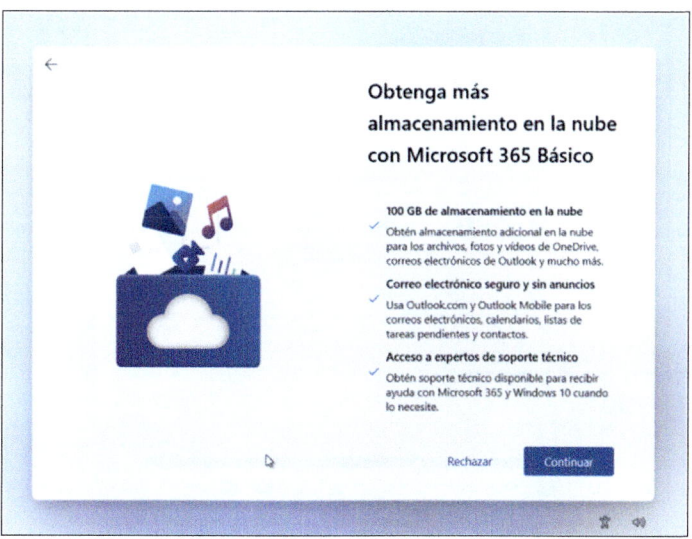

Configuración de Microsoft 365 con Windows 11

Pulsar en **Rechazar**.

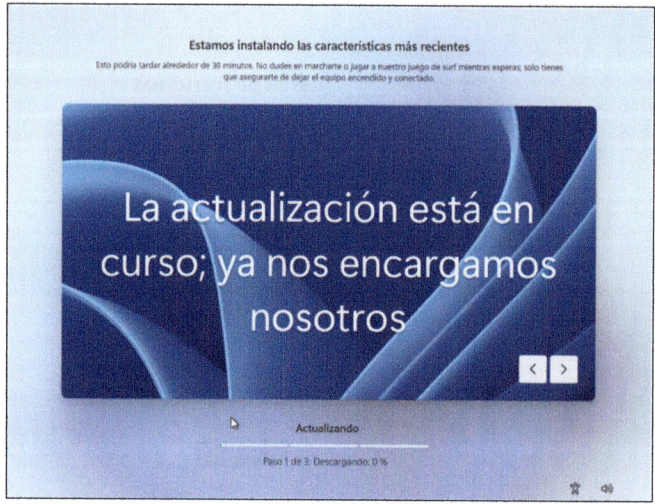

Pantalla de actualizaciones

Hay que ser paciente a que se realicen las actualizaciones y tras ellas finalmente poder trabajar con el sistema operativo *Windows 11* que se acaba de instalar.

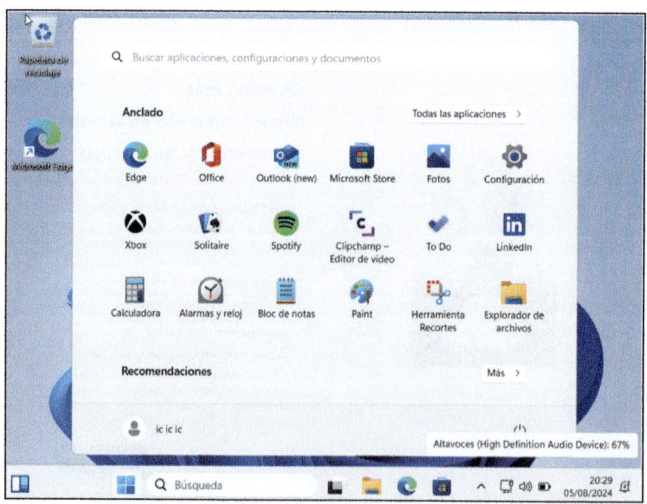

Escritorio principal de Windows 11

7. Instalación sistema operativo. *Linux*

Para la instalación de Ubuntu lo primero que hay que hacer es descargarlo desde la página <https://ubuntu.com/download/desktop> y en concreto, la versión 24.04 LTS.

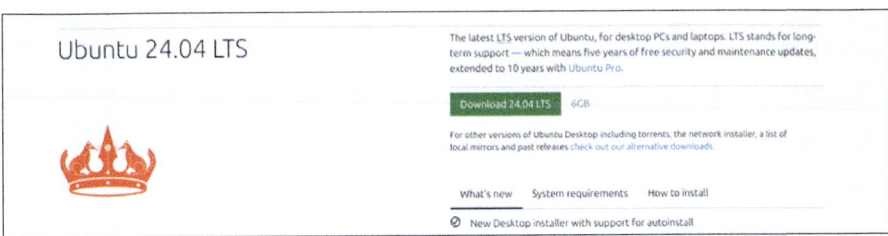

Descarga del ISO de Ubuntu 24.04 LTS desde la web oficial

Se pulsa en **Download 24.04 LTS** y, una vez descargado, se procede a su instalación. En este caso se va a usar una máquina virtual para la misma, pero si se quiere se pueden montar un USB Live para su instalación.

Si desea hacer esto último, puede consultar los pasos en el siguiente enlace:

https://redirectoronline.com/uf04660204

Lo primero que aparece es la siguiente pantalla:

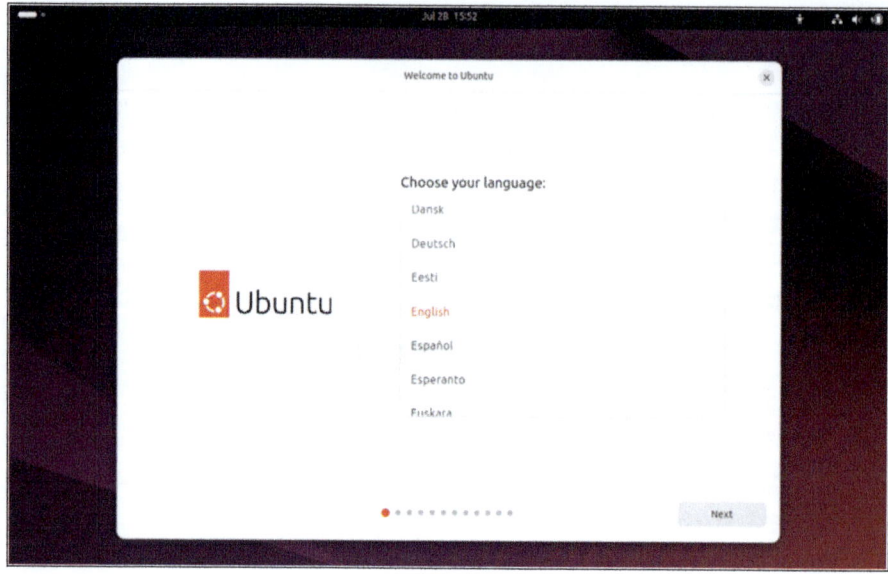

Pantalla de configuración de Ubuntu 24.04 LTS

En este caso se va a escoger "Español" y pulsar en el botón **Next**.

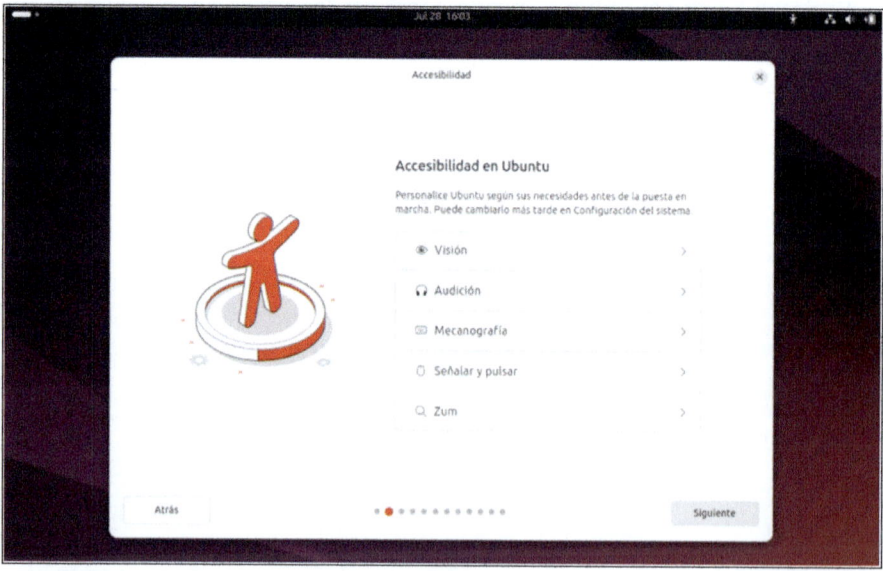

Personalización de algunos aspectos del sistema operativo Ubuntu

En esta pantalla se pueden configurar o personalizar algunas partes del sistema operativo. Una vez configuradas, pulsar en el botón **Siguiente** para obtener la siguiente pantalla:

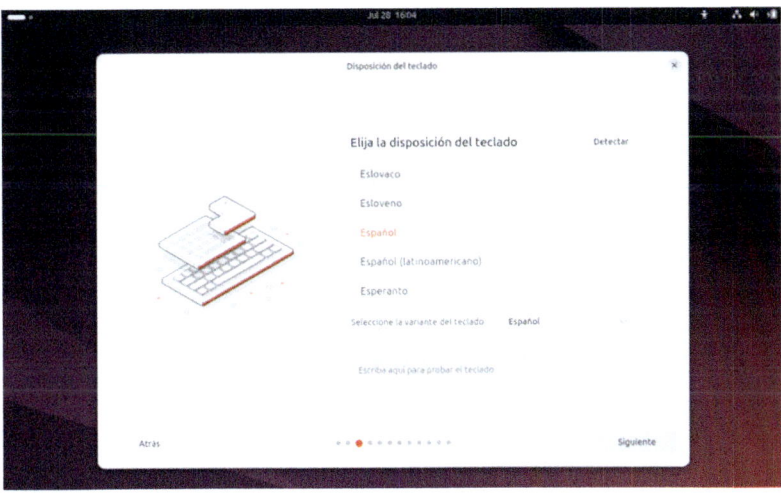

Personalización de la disposición del teclado

En la imagen anterior se dejará preseleccionado lo que viene por defecto y se pulsará en el botón **Siguiente.**

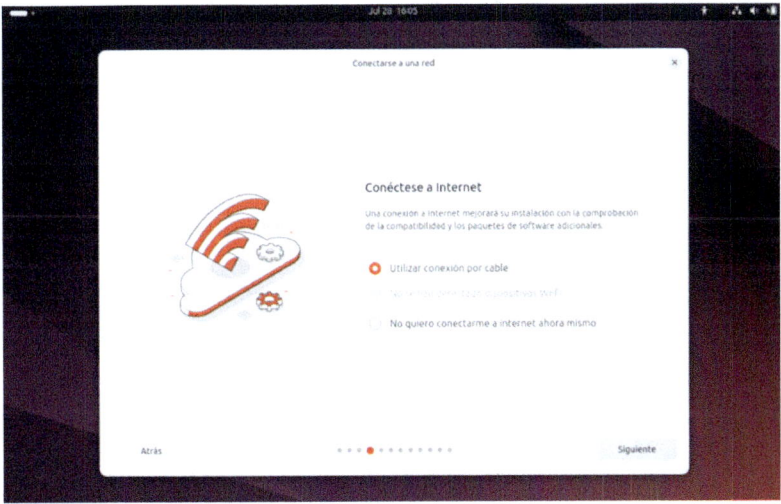

Configuración de internet en el sistema operativo Ubuntu

En la imagen anterior se puede configurar internet para no tener que hacerlo luego cuando ya esté instalado el sistema operativo. En este caso, se va a pulsar en el botón **Siguiente** para obtener la siguiente pantalla:

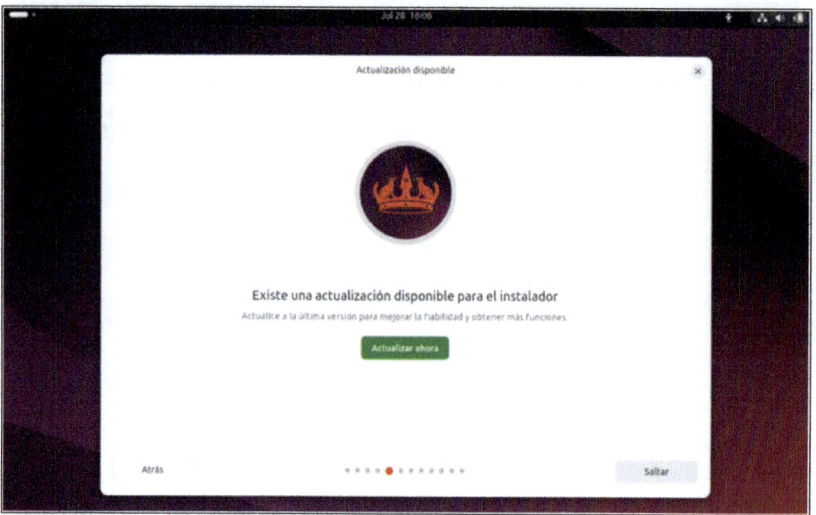

En la pantalla anterior pulsar en **Saltar** para obtener la siguiente pantalla:

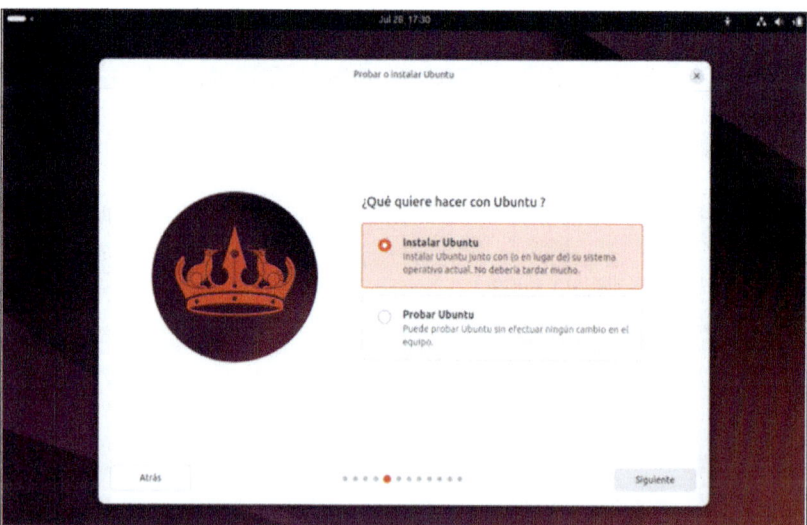

Dejar por defecto "Instalar Ubuntu" y pulsar en **Siguiente**.

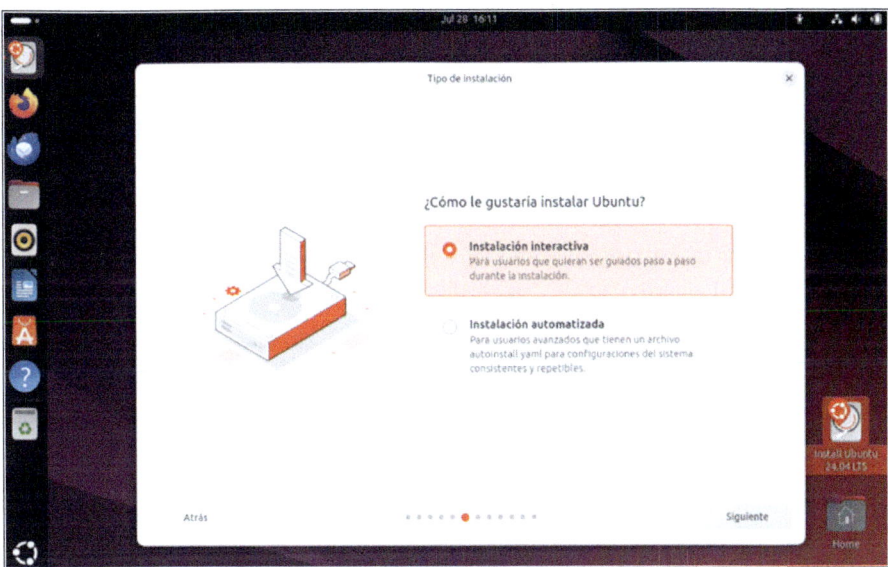

Elección del tipo de instalación para Ubuntu Desktop

En este caso se va a dejar la selección por defecto etiquetada como "Instalación interactiva" para ser guiados durante el proceso de instalación del sistema operativo; pulsar en **Siguiente,** accederá a la siguiente pantalla:

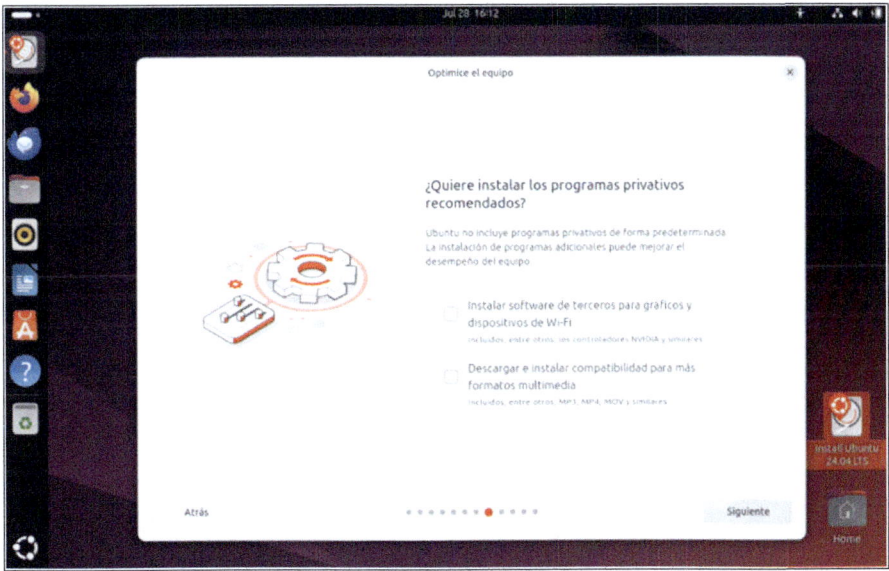

Personalización de programas de terceros en Ubuntu

En la pantalla anterior localizar el botón **Siguiente**.

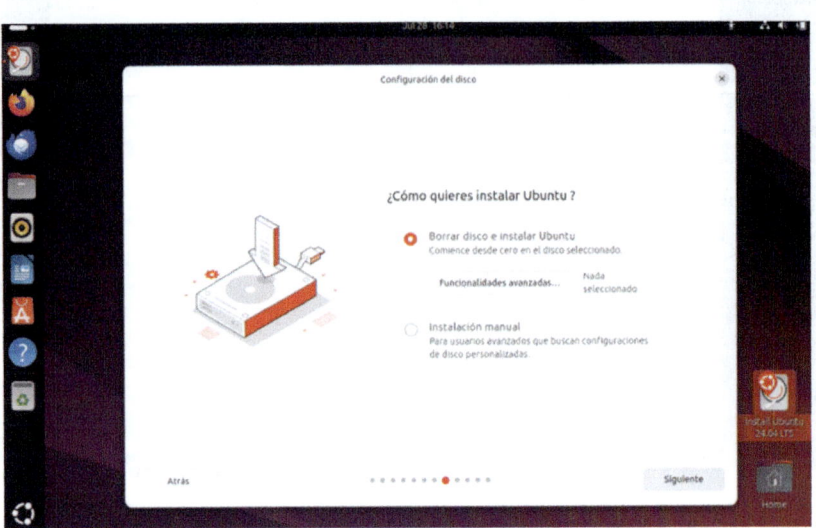

Elección del tipo de instalación de Ubuntu

Dejar por defecto la opción marcada como "Borrar disco e instalar Ubuntu" y pulsar en el botón **Siguiente**.

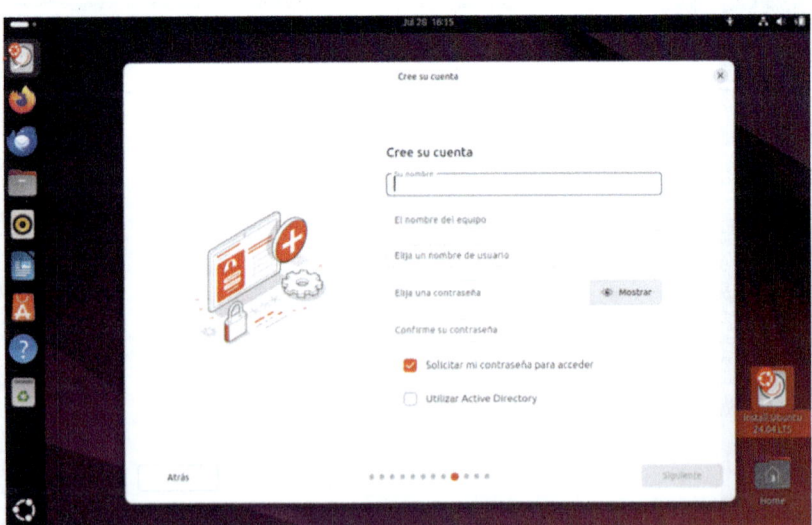

Personalización del acceso al sistema operativo

Cumplimentar los datos correspondientes a su nombre, el nombre con el cual se mostrará el equipo, el nombre de usuario para iniciar sesión junto con una contraseña y su confirmación. Una vez que se han rellenado los datos, pulsar el botón **Siguiente**.

Elección de la zona horaria para el trabajo del sistema operativo

En la pantalla anterior, si está todo correcto, simplemente pinchar en el botón **Siguiente.**

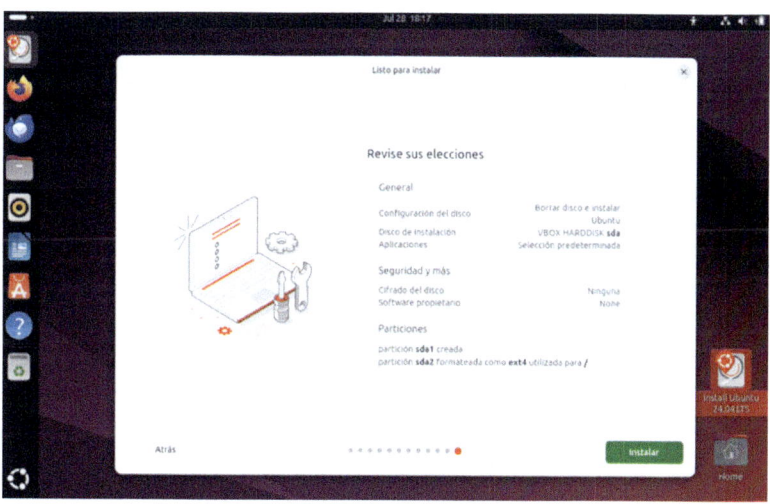

Pantalla final del proceso de instalación

Se ha terminado de configurar al instalador, el siguiente paso es pulsar en el botón **Instalar** para que se proceda a instalar al sistema operativo *Ubuntu Desktop* en el dispositivo informático. Una vez pulsado el botón, se obtendrá la siguiente imagen:

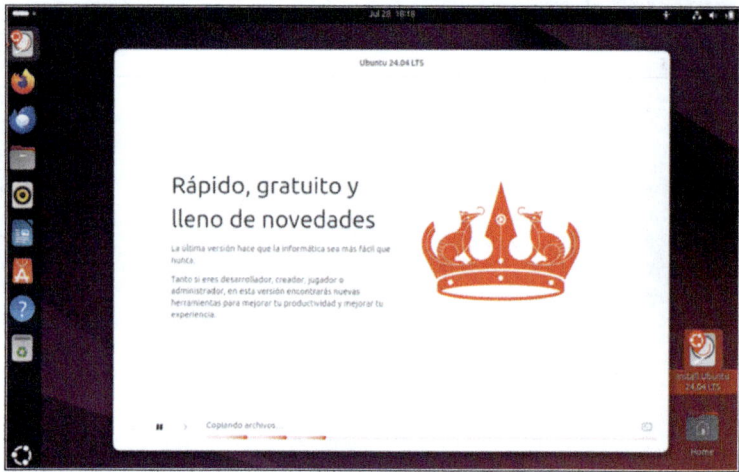

Proceso de instalación del sistema operativo Ubuntu Desktop

Hay que ser pacientes hasta que se realice el proceso de instalación de este sistema operativo.

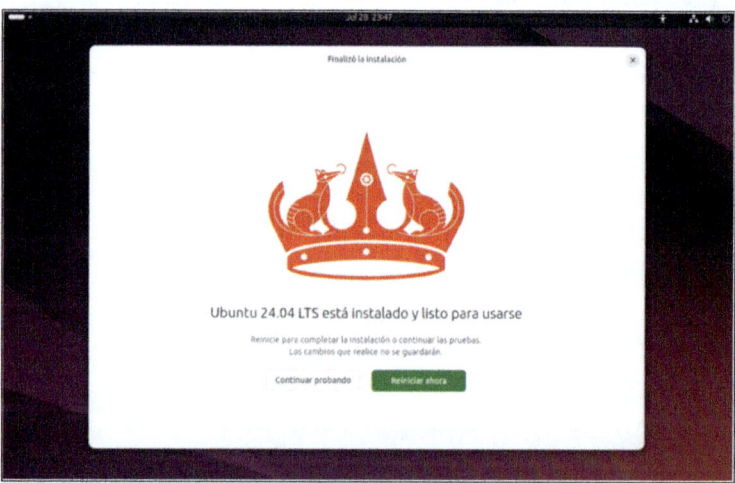

Pantalla de la finalización de la instalación de Ubuntu Desktop

En la pantalla anterior se hace clic en **Reiniciar ahora** para obtener la siguiente ventana:

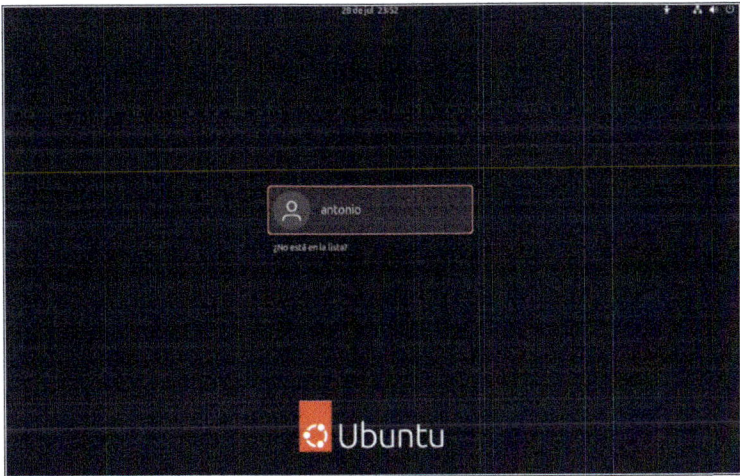

A continuación, se pulsa sobre el usuario y se introduce la contraseña. Ya se tiene instalado el sistema operativo *Ubuntu Desktop 24.04 LTS* en el dispositivo informático.

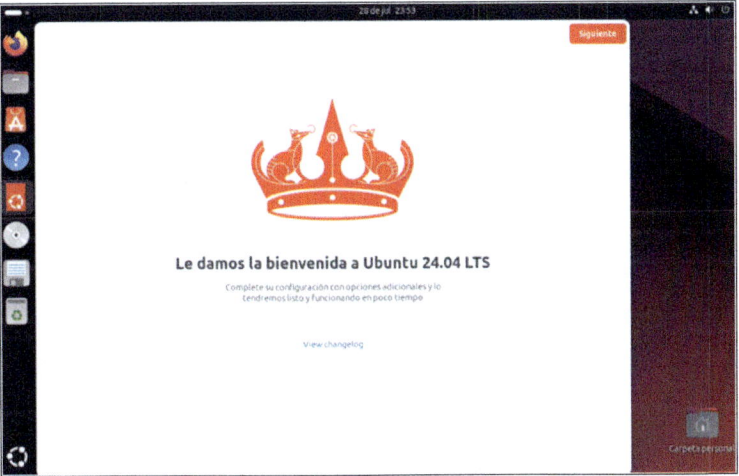

Instalación de Ubuntu finalizada

8. Cómo se instala un sistema operativo *Windows* y otro *Linux* en el mismo equipo

Tanto BIOS como UEFI son dos tecnologías que cumplen la misma misión cuando se produce el arranque de un dispositivo informático, con lo cual se puede afirmar que dichas tecnologías son las encargadas de controlar el *hardware* de los dispositivos informáticos.

Se tiene que ver a UEFI como la tecnología sucesora a BIOS, con lo cual la tecnología BIOS es mucho más antigua que UEFI y en concreto se empezó a usar en el año 1980, implementándola en los equipos informáticos de la época. Tanto BIOS como UEFI son almacenadas en una pastilla que se encuentra insertada en la placa base de los dispositivos informáticos, tal y como se puede ver en la siguiente imagen:

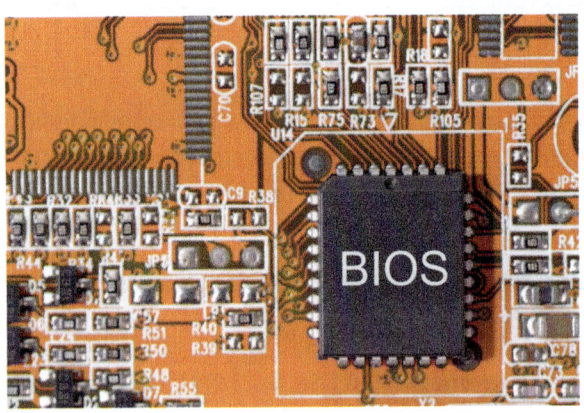

Ejemplo localización de BIOS en placa base

BIOS se corresponde directamente con las siglas de *Basic Input Output System* (Sistema básico de entrada y salida) y fue desarrollado en 1975 con la misión principal de inicializar el *hardware* del equipo informático y llevar a cabo el arranque del sistema operativo instalado en él.

Por lo anterior, cuando se enciende un dispositivo informático lo primero que se carga es la BIOS/UEFI para testear los dispositivos *hardware* tales como: tarjeta gráfica, procesador, discos duros, memoria RAM, placa base...

Las siglas de UEFI se corresponden con *Unified Extensible Firmware Interface* (Interfaz de *Firmware* Extensible Unificada) y es el sucesor de BIOS desarrollado en torno al 2005, fundamentalmente porque BIOS se estaba quedando obsoleta ante la multitud de nuevos *hardwares* y formas de conexión que aparecieron, tecnológicamente hablando.

Luego las funciones o la misión de UEFI es exactamente la misma que la de BIOS, eso sí, modernizada por completo. Lo primero es el cambio radical en su interfaz gráfica, mucho más amigable al usuario y por otra parte aportando muchas funcionalidades que BIOS no era capaz de soportar (un ejemplo es soporte para los discos duros superiores a 2TB de capacidad).

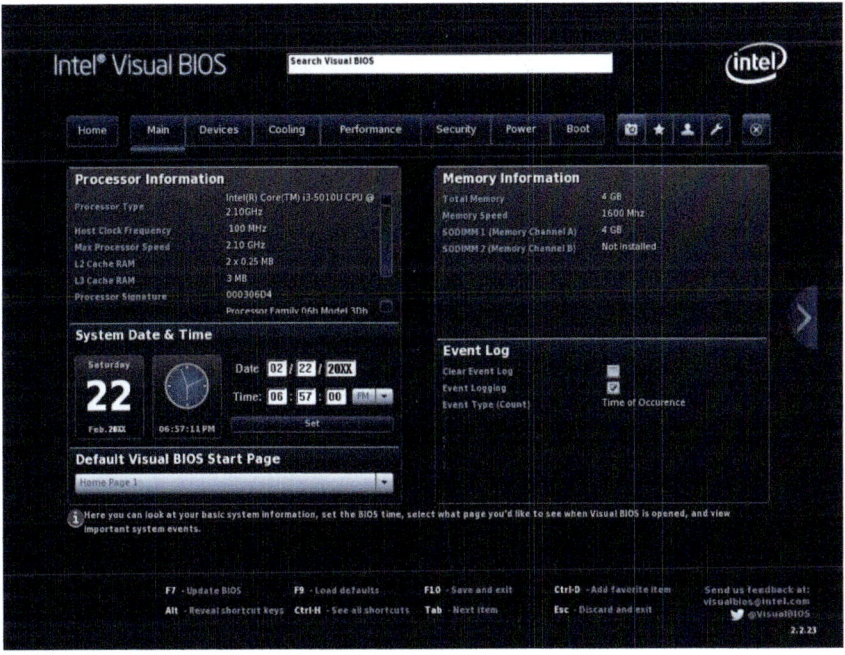

Ejemplo de UEFI correspondiente o desarrollada por INTEL

En la imagen anterior se puede ver a UEFI con un aspecto totalmente moderno frente a BIOS, que se puede observar en la siguiente imagen que tiene un aspecto mucho más antiguo:

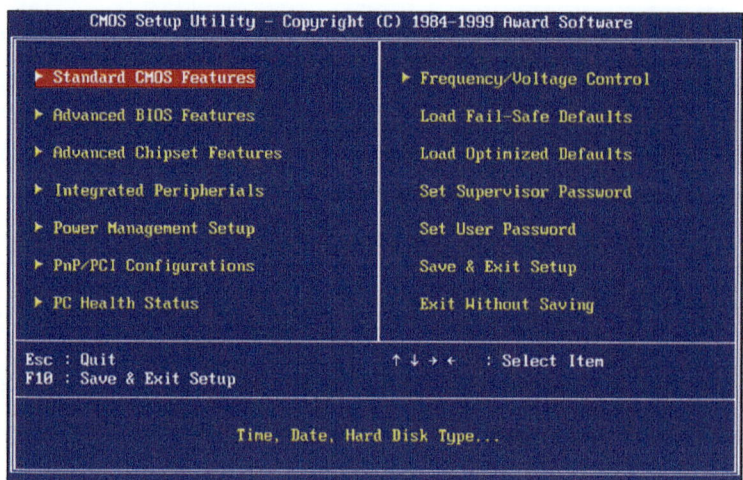

Pantalla principal de BIOS perteneciente a Award Software
(© https://tecnobits.xyz/que-es-uefi-y-en-que-se-diferencia-de-la-bios/)

Las principales diferencias entre BIOS y UEFI son las siguientes:

- La diferencia más notable de todas es la interfaz gráfica entre ambos *firmware.* BIOS ofrece un aspecto muy *vintage* frente a UEFI que ofrece un aspecto totalmente moderno y actual.
- BIOS no permite el uso del ratón, hay que manejarse mediante el teclado frente a UEFI, que sí permite el uso del ratón en su interfaz gráfica, simplificando mucho al usuario su trabajo.
- UEFI puede conectarse a la red de redes (INTERNET) y llevar a cabo actualizaciones totalmente online. BIOS no ofrece esta opción, con ella hay que conectarse a la web del fabricante, buscar versión y modelo, bajar el archivo con la última actualización, reiniciar el equipo y llevar los pasos necesarios para actualizar BIOS: mucho más complejo y arcaico.
- BIOS suele usar (normalmente) unos 16 bits frente a UEFI que suele emplear 32 o 64bits, con lo cual el procesamiento es mucho más rápido y efectivo.
- BIOS no es capaz de manejar dispositivos o sistemas de almacenamiento (da igual internos o externos) que sean superiores a 2,2 TB frente a UEFI que es capaz de llegar (teóricamente) a los 9,4 ZB (ZettaBytes).
- Un sistema informático con BIOS tiene un arranque mucho más lento que frente a UEFI, que proporciona un arranque del sistema mucho más rápido.

- UEFI dispone de la opción *Secure Boot* que evita que sistemas operativos que no están autentificados puedan ser ejecutados en el sistema.
- UEFI puede ser ejecutado en cualquier entorno que sea no volátil, lo que lo hace totalmente independiente del sistema operativo. Además algunos diseños de UEFI permiten el uso de código de terceros. BIOS se almacena normalmente en memorias EPROM (Memorias de Solo Lectura Programables Electrónicamente).

9. Desfragmentación de un disco duro

En este apartado se va a enseñar como desfragmentar un disco duro y a comprobar el estado del mismo.

Para la desfragmentación de un disco en un sistema *Windows,* se seguirán los siguientes pasos:

- En primer lugar, es muy importante que durante el proceso de desfragmentación no se realice ninguna tarea con el equipo.
- En segundo lugar, pinchar en el botón de inicio y escribir "Desfragmentar y optimizar unidades", pulsar en el icono para obtener la siguiente pantalla:

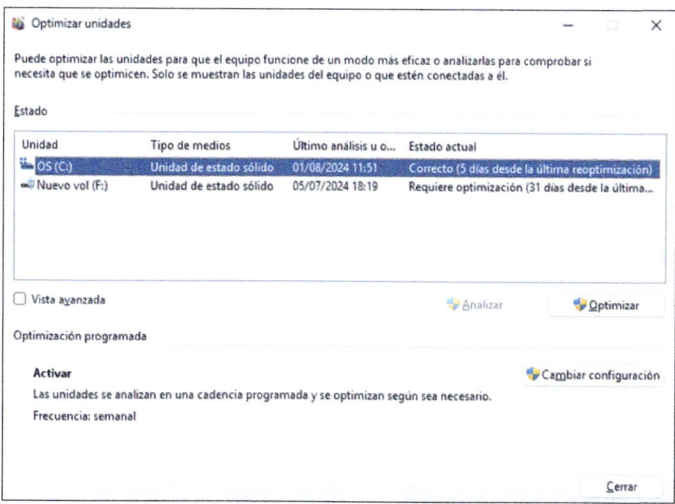

Pantalla Optimizar unidades

- A continuación, se seleccionará el disco sobre el cual se quiere realizar el proceso de desfragmentación y se pulsará el botón **Optimizar.**
- Una vez optimizado, se pulsa el botón **Cerrar** para finalizar el programa.

En la imagen anterior es posible establecer la frecuencia con la que se quiere realizar de forma automática el desfragmentado de un disco, para ello basta con pulsar el botón **Cambiar configuración** para obtener la siguiente ventana:

Configuración automática de la desfragmentación

Se seleccionará la frecuencia (Diaria, Semanal o Mensual) y a continuación la unidad de disco sobre la que se quiere actuar, para finalizar, se pulsará el botón **Aceptar.**

Es conveniente realizar al menos una vez al mes tareas de desfragmentación, dado que se consigue que el disco duro esté más organizado, y que losprogramas y el propio sistema operativo accedan más rápido a los datos deldisco duro. Para comprobar el estado del disco duro se utilizará un programa (en las familias *Windows)* llamado **Comprobar disco duro local,** desde las propiedadesdel disco duro se accede a dicho programa.

En la imagen anterior seleccionar "Examinar Unidad" y automáticamente se realizará la comprobación de dicha unidad, una vez se acaba de examinar, si se han localizado errores aparecerá la siguiente imagen:

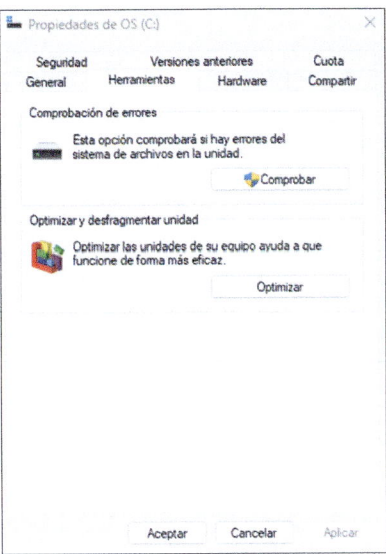

Una vez pulsado el botón de **Comprobar,** se tendrá acceso al programa que se muestra en la siguiente imagen:

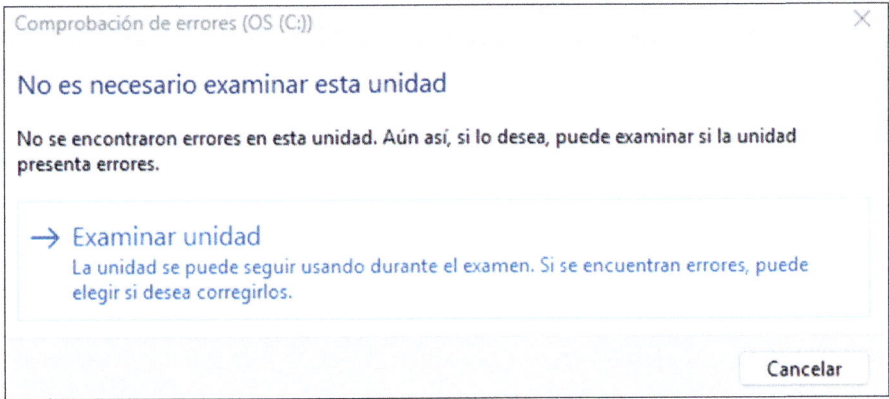

Comprobación de errores

En la imagen anterior seleccionar **Examinar Unidad** y automáticamente se realizará la comprobación de dicha unidad, una vez se acaba de examinar, si se han localizado errores aparecerá la siguiente imagen:

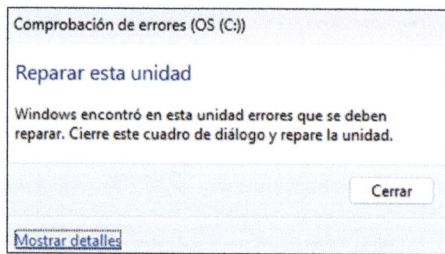

Imagen de errores en la reparación de la unidad

Pulsar en el botón **Cerrar** para obtener la siguiente imagen:

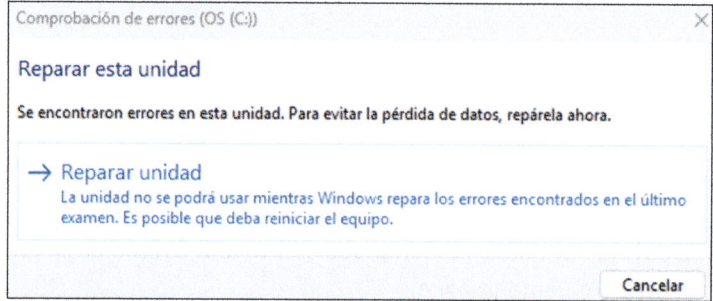

Proceso de reparación de errores encontrados en la unidad

Pulsar en el botón **Reparar unidad** para que comience automáticamente el proceso de reparación de los errores localizados en la unidad, si dicha unidad corresponde con la unidad donde está instalado el sistema operativo habrá que reiniciar el equipo para que se reparen los errores localizados.

Sin embargo, si durante el proceso de comprobación del disco duro no se obtienen errores que haya que reparar se obtendrá la siguiente imagen:

Comprobación sin errores de una unidad de disco duro

Aplicación práctica

Imagine que es un técnico informático y que parte de la siguiente situación: tiene un equipo informático en el que el sistema operativo se reinicia constantemente (no llega a cargarse el escritorio del usuario para poder realizar su trabajo). El propietario no tiene datos de interés en el disco y le gustaría que le instalaran el sistema operativo *Linux* y en concreto *Ubuntu*. Enumere y razone los pasos para solucionar dicha incidencia.

SOLUCIÓN

Para solucionar el problema del usuario se seguirían las siguientes pautas:

1. Lo primero y más importante es obtener una copia del sistema operativo *Ubuntu.*
2. Una vez descargado el sistema operativo se grabaría en un USB para poder insertarlo en el equipo del cliente.
3. Una vez lista la unidad USB, se procede a encender el equipo del cliente con el objetivo de de cambiar el orden de arranque del equipo a través del *setup* de **BIOS.** Una vez hecho esto el equipo arranca desde la unidad lectora donde se inserta el USB de Ubuntu.
4. Se guardan los valores de **BIOS** y se reinicia el equipo.
5. Una vez arrancado se procede a la instalación de Ubuntu.
6. Una vez completado el proceso de instalación de Ubuntu se reinicia el equipo, volviendo a entrar en el *Setup* de **BIOS** para restablecer el orden de arranque, ya que ahora debe hacerlo directamente desde el disco duro.
7. Se procedería a la comprobación de la instalación del sistema operativo.
8. Se instalarían los drivers de los distintos componentes del equipo informático.
9. Se entregaría el equipo al cliente.

 Aplicación práctica

Le llega un equipo sobremesa que tiene instalado *Windows 11* pero el equipo nunca ha estado conectado a Internet y no dispone de tarjeta de red ni por la placa ni interna. ¿Qué solución le daría? Intente razonar la respuesta.

Continúa en página siguiente >>

<< Viene de página anterior

SOLUCIÓN

Para solucionar el problema planteado se seguirían los siguientes pasos:

1. Se comprobaría si hay puertos PCI libres para poder insertar una tarjeta de Red PCI.
2. Se seleccionaría el puerto PCI adecuado, se insertaría la tarjeta de red PCI asegurando que queda perfectamente anclada a la placa base (dado que de lo contrario se podría dañar).
3. Se procedería al encendido del equipo, se iniciaría el sistema operativo y se comprobaría si este ha identificado correctamente el nuevo dispositivo PCI que se ha insertado (al ser *Windows 11* se accedería al administrador de dispositivos para realizar esta operación).
4. Si no ha sido capaz de identificarla se utilizaría el driver que normalmente suele venir en la caja de la tarjeta de red PCI, se insertaría e instalaría.
5. En el caso de que no tenga drivers o no le acompañen dichos drivers, se anotaría la marca y modelo para acceder a la web del fabricante y se descargarían.
6. Se entregaría el equipo.

En el caso de que no hubiera puertos PCI disponibles en la placa, la solución más fácil sería proporcionar al cliente una tarjeta de red en vez de PCI con USB y se procedería a instalar los drivers la primera vez que se conecte al sistema.

En el caso de que el cliente no dispusiera de puertos USB libres, se propondría un ampliador de puertos USB.

 Aplicación práctica

Si el disco duro de un equipo va muy lento, tarda mucho en responder, la espera para obtener resultados es larga y muchas veces hay que desistir de ellas, ¿Qué operación realizaría sobre el disco duro? Razone la respuesta.

SOLUCIÓN

Ante los síntomas descritos, probablemente se esté ante un disco duro mal organizado, por tanto sería recomendable la desfragmentación para que los archivos estén próximos entre sí y mejor organizados, repercutiendo esto en la optimización del sistema.

---

10. Resumen

El sistema operativo es el traductor/intérprete entre el usuario y la máquina. Las propiedades más importantes de un sistema operativo son:

- Núcleo: realiza las funciones básicas y necesarias para el correcto funcionamiento del sistema.
- Intérprete de comandos: permite dar órdenes al sistema.
- Sistema de archivos: permite guardar datos y programas (también alojará al sistema operativo).
- API: conjunto de rutinas ofrecidas por el sistema operativo.
- *Drivers:* necesarios para la comunicación del sistema operativo con el *hardware* instalado en la máquina.
- Programas: *software* que se instala en el equipo y con el que normalmente se trabaja generando datos.

La clasificación de los sistemas operativos se hace atendiendo a:

- Monotarea/multitarea: capaz de realizar solo una tarea/ realiza varias.
- Monousuario/multiusuario: capaz de trabajar con un solo usuario/muchos usuarios.
- Secuencia de lotes: es automático, se dan una serie de instrucciones y las ejecuta sin necesidad de usuarios.
- Tiempo real: recibe datos, los procesa y los muestra lo más rápidamente posible.
- Tiempo compartido: el sistema es compartido por muchos usuarios al mismo tiempo.

Las principales tareas de un sistema operativo son:

- Gestión de la memoria.
- Gestión del procesador.
- Gestión de los archivos.
- Gestión del sistema.
- Gestión de las entradas/salidas.
- Gestión de la ejecución de las aplicaciones.

Ejercicios de repaso y autoevaluación

1. **Indique la frase correcta:**

   a. Solo se puede instalar un sistema operativo por ordenador.
   b. Se pueden instalar múltiples sistemas operativos en un ordenador.
   c. Se pueden instalar todos los sistemas operativos que se quiera siempre y cuando sean de la misma familia.
   d. Todas las opciones son incorrectas.

2. **Los sistemas *Linux*...**

   a. ... normalmente son sistemas de pago.
   b. ... solo pueden instalarse en ordenadores con otro sistema operativo Linux ya previamente instalado.
   c. ... no son utilizados en nuestro país.
   d. Todas las opciones son incorrectas.

3. **¿Qué es un *Shareware?***

   a. Un programa que facilitan para poder probarlo y luego pagar para poder usarlo libremente.
   b. Un programa que se puede distribuir libremente por cualquier equipo.
   c. Un programa que hay que actualizar constantemente.
   d. Conocido también como los drivers del ordenador.

4. **BIOS es...**

   a. ... la encargada de que la memoria RAM funcione correctamente.
   b. ... la encargada de que el microprocesador haga su trabajo.
   c. ... la encargada de testear los componentes *hardware* antes del arranque del sistema operativo.
   d. Todas las opciones son incorrectas.

5. *MAC/OS...*

    a. ... se puede usar en cualquier equipo informático.

    b. ... solo se puede usar si previamente tiene instalado un *Windows*.

    c. ... es un sistema operativo que únicamente puede ser usado en equipos *MAC*.

    d. ... no está pensado para ordenadores, sino para dispositivos portátiles como móviles.

6. **Entre otros, el particionado sirve...**

    a. ... para tener mayor velocidad de acceso al disco duro.

    b. ... para tener mejor organizado el disco duro para encontrar los datos.

    c. ... para poder arrancar un sistema operativo en diferentes ordenadores.

    d. ... para alojar en una misma máquina varios sistemas operativos.

7. **Un programa diseñado para 64 bits...**

    a. ... se puede ejecutar sin problema alguno en una arquitectura de 32bits.

    b. ... o existen los programas de 64 bits.

    c. ... no se puede ejecutar en una arquitectura de 32 bits.

    d. Todas las opciones son incorrectas.

8. **Los *drivers* son...**

    a. ... los conductores de la electricidad dentro del equipo.

    b. ... programas sin los que el sistema operativo no reconocería al *hardware* que tiene instalado.

    c. ... programas informáticos para realizar tareas con el ordenador.

    d. Todas las opciones son incorrectas.

9. **Si se quiere cambiar el orden de arranque del equipo se hará desde...**

    a. ... el sistema operativo.

    b. ... el disco duro.

    c. ... el Setup de BIOS

    d. ... el microprocesador.

10. **Los sistemas operativos de la familia *Windows* son:**

   a. Únicamente usados en EE. UU.
   b. No tienen soporte en nuestro idioma.
   c. De pago.
   d. Todas las opciones son incorrectas.

Capítulo 3
Software de testeo y verificación

Contenido

1. Introducción

En este capítulo se abordará el distinto *software* que existe en el mercado para testear y verificar, tanto los componentes informáticos *(hardware* propiamente dicho) como el *software* del sistema operativo.

Gracias a las herramientas de testeo se pueden obtener, modificar o salvaguardar valores del ordenador, en definitiva determinar fallos o problemas que pueden afectar al equipo y su funcionamiento.

En cuanto al *software* que se detallará a continuación, cabe decir, que en su mayoría no son de carácter libre, sino que hay que pagar una licencia por su uso.

2. *Software* comercial

Para empezar, se define como *Freeware* cualquier tipo de *software* que se puede usar libremente pero sin posibilidad de modificación. Por su parte, el término *Shareware* hace referencia al *software* que se permite usar para su evaluación de forma gratuita pero con ciertas limitaciones. Estas limitaciones desaparecen cuando se adquiere la versión completa y de pago del producto.

El primer *software* que se abordará es una aplicación altamente utilizada en el mundo de la informática. En concreto esta aplicación se llama Aida64 y se puede descargar desde aquí:

<https://redirectoronline.com/uf04660301>.

La versión de prueba, que es la que desarrolla este epígrafe, se denomina *Aida64 Bussiness Edition.* Su pantalla principal se muestra a continuación:

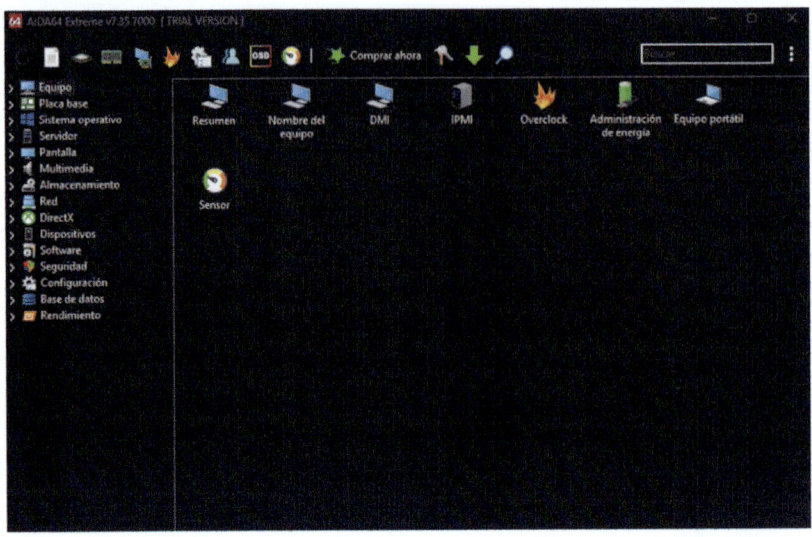

Bussiness Editon

Desde el menú de la izquierda se puede acceder rápidamente a la computadora, MotherBoard (placa base), sistema operativo, servidor, monitor, multimedia, almacenamiento, red, directX, dispositivos de *hardware*, programas, seguridad, configuración y base de datos. A su vez, en cada uno de estos elementos se despliegan otros componentes.

En el caso de la placa base se encuentran:

- CPU: si se pincha en esta opción se mostrarán valores conocidos de la CPU como el tipo de CPU, la velocidad de reloj, memoria caché L1 y L2, etc.
- CPUID: informa sobre las propiedades de la CPU, las características y el juego de instrucciones que soporta el microprocesador.
- MotherBoard: muestra la información principal de la placa base, como el fabricante, el tipo de bus que tolera, el ancho del bus, la memoria RAM que soporta, etc.
- Memoria: describe brevemente todas las memorias del sistema (RAM, de disco duro, virtual y paginación).
- SPD: da información sobre los módulos de memoria que están instalados en la placa base.
- Chipset: advierte sobre el chipset norte y el chipset sur de la placa base.

- BIOS: muestra el tipo de BIOS que soporta, su versión, su fecha, etc. También informa sobre la necesidad de actualización para que el equipo funcione mejor.
- ACPI: establece el sistema de manejo del ACPI *(Avanced Configuration and Power Interface* o configuración avanzada e interfaz de energía).

 Nota

Desde el menú **Sistema Operativo**, si se escoge la opción de informe rápido y texto sin formato, aparecerá una nueva pantalla en la que se realizan procesos de testeo sobre el sistema operativo. Cuando terminen estos testeos se muestra un archivo que suministra información acerca del sistema operativo instalado en la máquina.

Desde la pestaña de **Herramientas** de esta aplicación se accede a:

- **Diagnóstico del monitor:** permite realizar pruebas sobre el monitor. Las pruebas se realizan son de calibración, de color, de lectura y red.
- **Prueba de estabilidad del sistema:** hace una prueba global al sistema analizando CPU, memoria, caché, discos locales, ventiladores, voltajes, etc.
- **AIDA64 CPUID:** brinda información en exclusiva del microprocesador. Se muestra la marca, modelo, fabricante, juego de instrucciones, velocidad, reloj, cache L1 y L2, etc.

Otro *software* comercial para testear el sistema es:

- *Sandra SisSoftware*
- *3D Mark Vantage*
- *SIW*

2.1. Antivirus

Gracias a estas herramientas se van a poder eliminar los virus del sistema. Las aplicaciones más conocidas son:

- *Avira AntiVir Personal:* antivirus y *antispyware.*
- *ComboFix:* destinado a las infecciones de *malware* y todo lo derivado de ello.
- *Dr.Web CureIt! Antivirus:* antivirus y *antispyware* libres e independientes con exploración bajo demanda.
- *GMER 2.2:* muestra servicios, registros, escáner de archivos, detector y removedor. Todos ellos ocultos.
- *Malwarebytes Anti:Malware 1.51.1: antimalware.* Aplicación que remueve la mayoría de *malware* avanzado.
- *Remove Fake Antivirus 1.9:* herramienta para eliminar virus, malware que se disfraza como un antivirus y produce alertas falsas, advertencias que incentivan a comprar una copia inútil del falso antivirus.
- *RootkitRevealer 1.7.1:* patente avanzada de detección de utilidades.
- *Spybot: Search & Destroy 1.6.2:* aplicación para escanear en busca de *spyware, adware,* secuestradores (*hijackers*) y otro *software* malicioso.
- *SuperAntispyware 10.0.1266:* elimina *adware, malware,* parásitos, *spyware,* troyanos y gusanos.

2.2. Herramientas de copia de seguridad

Con estas herramientas se obtienen una o varias copias de seguridad de la información más relevante que se tiene en el equipo por si esta se vuelve inaccesible. Las aplicaciones que se usan para este trabajo son:

- *CloneDisk:* todo en uno para MBR, particiones, discos, e imágenes VMWare.
- *COPYR.DMA Build013:* herramienta para hacer copias de discos duros con sectores defectuosos.
- *CopyWipe 11.4:* copia el contenido completo de un disco duro a otro disco duro, también puede prevenir que la información confidencial sea recuperada limpiando de manera segura el disco.

- *DiskImage 1.6:* crea y graba imágenes de disco para archivos de discos duros y disquetes.
- *DriveImage XML 2.60:* copia de seguridad de cualquier unidad/partición a un archivo de imagen, incluso si la unidad está en uso.
- *FastCopy 5.7.14:* el *software* más rápido para copiar/eliminar en Windows.
- *G4L Ghost 4 Linux 0.66:* herramienta de discos duros, particionamiento y clonación.
- *GImageX 2.2.0:* usado para copias de seguridad y restaurar imágenes WIN para XP, Vista y 7.
- *ImgBurn 2.5.8.0:* aplicación para grabación en CD,DVD, hD DVD y Bluray.
- *InfraRecorder 0.53: software* libre de grabación que permite crear/grabar imágenes ISO.
- *Macrium Reflect 8:* crea copias de seguridad completas de las particiones del disco duro, incluyendo al sistema operativo, programas instalados y todos los ajustes.
- *Partition Image* – PartImage 0.6.9: sistema de archivos ext3, incluyendo apoyo para ext2, ReiserFS, hFS, hPFS, JFS, XFS, UFS, FAT16, FAT32 y NTFS.
- *Partition Saving 4.60:* herramienta de copia de seguridad / restauración de particiones.
- *RegBak 1.5:* ligera y sencilla utilidad para crear copias de seguridad de los archivos de registro de Windows.
- *Raw Copy 1.2:* herramienta para transferir los datos directamente desde una unidad defectuosa a otra unidad.
- *ShadowCopy 1.00:* copia todos los archivos y todo el sistema aunque esté bloqueado por Windows.
- *SelfImage 1.2.1.92:* crea archivos de imagen de cualquier partición del disco duro montado o desmontado.
- *Seagate DiscWizard 25.0.1.39868:* copia de seguridad de disco / partición a un archivo de imagen para los propietarios de seagate.
- *TeraCopy 3.17:* herramienta para copiar y mover archivos a la máxima velocidad posible.
- *WhitSoft File Splitter 4.5a:* herramienta para unir archivos o partirlos.
- *XXClone 2.08.8:* herramienta para clonar un disco de Windows en otro.

2.3. Herramientas de bios/cmos

Con estas aplicaciones se configuran o consultan determinados valores de BIOS o CMOS. También se realizan copias de seguridad de la misma. Los programas que se encuentran en el mercado son:

- *Award DMI Configuration Utility 2.43:* utilidad de configuración para modificar / ver el contenido DMI.
- *¡BIOS 3.20:* gran utilidad para BIOS y CMOS.
- *BIOS Cracker 5.0:* elimina la contraseña de BIOS.
- *BIOS Utility 1.35:* información de BIOS, contraseña, códigos de sonido, etc.
- *CMOS 0.93:* herramienta para guardar / restaurar la CMOS.
- *DISKMAN4:* todo en uno.
- *Kill CMOS:* limpia CMOS
- *UniFlash 1.40:* utilidad para la BIOS:FLASH

Herramientas de BIOS/CMOS

2.4. Navegadores/gestores de archivos

Con ellas se realizan operaciones o acciones sobre los archivos o carpetas. Las herramientas de las que se dispone son:

- *7:Zip 24.07:* compresor que soporta gran cantidad de formatos de comprensión.
- *Bulk RenameUtility:* renombra múltiples archivos con el clic de un botón.

- *Dos Command Center 5.1:* clásico basado en DOS para la administración de archivos.
- *Dos Navigator 6.4.0:* gestor de archivos DOS.
- *EasyUhA 1.1:* interfaz gráfica de usuario de herramientas para crear y extraer archivos UhA.
- *Explore2fs 1.08:* GUI del explorador de herramientas para acceder a Linux ext2 y ext3 en Windows.
- *Ext2Explore 2.2.71:* para explorar ext2/ext3/ext4 disco/partición. También se puede utilizar para ver y copiar el disco y las imágenes del sistema de archivos.
- *File Wizard 2.1.1:* administrador de archivos.
- *FastLynx 3.3:* administrador de archivos para DOS.
- *hashMyFiles 2.44:* calcula MD5/SHA1/CRC32 *"hashes"* de los archivos.
- *Opera Web Browser 113.0.5230.8:* navegador para la web.
- *SearchMyFiles 3.25:* alternativa a Windows para buscar archivos y carpetas.

2.5. Limpiadores *(cleaners)*

Con ellos se lleva a cabo el mantenimiento el sistema, eliminando por ejemplo los archivos temporales que generan las aplicaciones con las que se trabaja u otros archivos temporales que el mismo sistema operativo va generando durante su ciclo de vida. Las aplicaciones más comunes son:

- *ATF Cleaner 3.0.0.2:* herramienta de eliminación de archivos temporales.
- *CCleaner 3.43:* herramienta de optimización del sistema.
- *CleanUp! 4.5.2:* herramienta de eliminación de archivos temporales que se van acumulando en el disco duro.
- *CloneSpy 3.43:* herramienta que elimina los archivos duplicados en el sistema.
- *Data Shredder 1.0:* herramienta para eliminar discos y archivos de forma segura.
- *Delete Doctor 2.3:* herramienta para eliminar archivos que son complicados de borrar del sistema.
- *Duplicate File Finder 3.5:* herramienta que analiza, compara y elimina los archivos duplicados del sistema.

- *MyUninstaller 1.77:* alternativa para añadir/quitar aplicaciones o programas del panel de control.
- *Revo Uninstaller Pro 5.3:* elimina archivos y entradas al registro innecesarias dejadas por los programas de desinstalación.
- *SpaceMonger 3.0:* herramienta que muestra el espacio libre que queda en sistema.
- *SpaceSniffer 1.3.0.2:* herramienta que localiza el espacio perdido en los discos de sistema.
- *WinDirStat 1.1.2.80:* visor de estadísticas de uso de los discos y limpieza de herramientas para *Windows.*

Recuerde

Con las herramientas de copia de seguridad se obtienen una o varias copias de seguridad de la información más relevante que se tiene en el equipo por si esta se vuelve inaccesible.

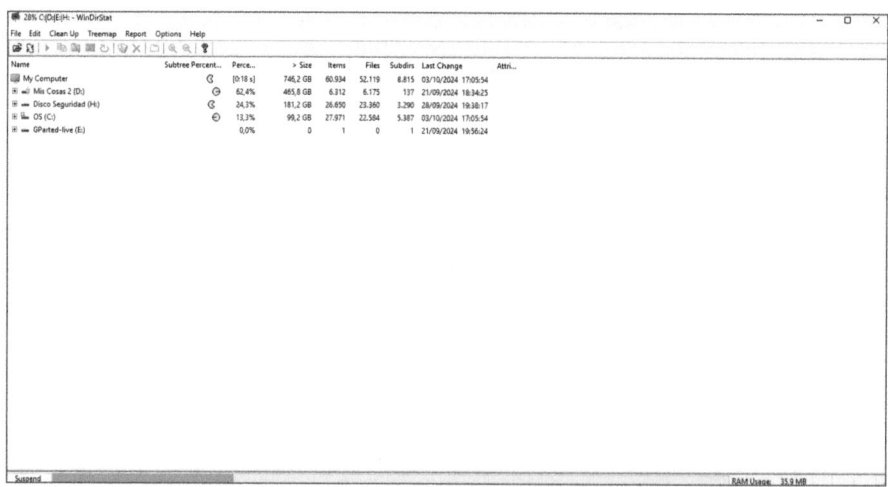

Limpiadores (cleaners)

2.6. Herramientas de controladores de dispositivos

Gracias a estas herramientas se obtiene información de los drivers que tiene instalados el equipo, tener un listado de ellos o actualizar los drivers del dispositivo en sí. Las aplicaciones más comunes son:

- *3DP Chip 24.07:* herramienta para encontrar los controladores adecuados para los dispositivos y descargarlos.
- *Device Doctor 4.1:* herramienta para analizar el *hardware* y comprobar si hay nuevas actualizaciones de controladores disponibles.
- *Double Driver 4.1:* copia de seguridad de controladores y restauración de los mismos.
- *PCI 32 Sniffer 1.4:* herramienta de información de los dispositivos y sus controladores.
- *Smart Driver Backup 2.12:* herramienta de copia de seguridad de los controladores de los dispositivos de Windows.
- *UnknowDevices 1.4.20:* herramienta para encontrar los controladores de los dispositivos desconocidos.
- *USBDeview 3.07:* herramienta para ver/desinstalar todos los dispositivos USB conectados al sistema.

2.7. Editores/visores

Son herramientas para operar con archivos: abrirlos, editarlos, retocarlos, etc. Las aplicaciones usuales son:

- *HxD 2.5.0.0:* herramienta para inspeccionar y editar archivos, memoria principal, discos o imágenes de discos.
- *IrfanView 4.60:* herramienta gratuita para visionar, editar, convertir y optimizar imágenes.
- *Notepad++ 8.5.7:* editor de texto y código fuente compatible con archivos unicode.
- *PhotoFiltre 11.6.1:* herramienta completa de retoque de imágenes que permite ajustes simples o avanzados de una o varias imágenes.
- *Picture Viewer 1.94:* herramienta para DOS. Soporta más de 40 tipos de archivos de imágenes.

- *QuickView Pro 3.0:* herramienta de visor de películas para DOS. Soporta el formato divx.

- *Spread32 7.00* herramienta con todas las características básicas de un programa de hoja de cálculo. Ejecuta macros.

- *SumatraPDF 4.4:* herramienta de lectura de archivos PDF para *Windows.*

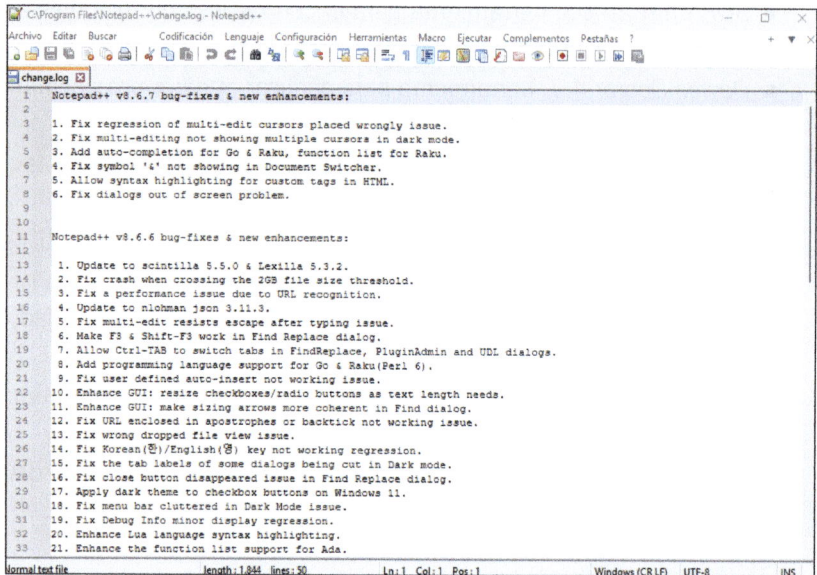

Visores/editores

2.8. Herramientas de archivos del sistema

Con estas aplicaciones se acceden a las particiones y también permiten saber gracias a un monitoreo lo que ocurre en los archivos, la memoria que consumen, etc. Las herramientas que se encuentran son:

- *AlterateStreamView 1.51:* herramienta para ver/copiar/eliminar *Data Streams* ocultos en NTFS.

- *EditBINI 1.1:* herramienta para editar boot.ini en una partición NTFS.

- *Ext2fsd 0.69:* herramienta que permite acceder a las particiones Linux / Unix desde Windows.

- *FileDisk Mount Tool 2.5:* herramienta para montar imágenes ISO / BIN / NGR / MDF / IMA.
- *Filemon 7.04:* herramienta para monitorear las actividades de los archivos en tiempo real.
- *NewSID Access 2.1:* herramienta que cambia el identificador de seguridad (SID) para Windows.
- *NTFS Access 2.1:* herramienta para establecer los permisos NTFS de forma recursiva y los derechos de acceso completos a un propietario de la carpeta / archivo.
- *NTFS Dos 5.0:* herramienta para leer particiones NTFS desde DOS.
- *NTFS4Dos 1.9:* herramienta para leer y escribir en particiones NTFS bajo DOS.
- *Virtual Floppy Drive 2.1:* herramienta para crear y montar una unidad de disco virtual.

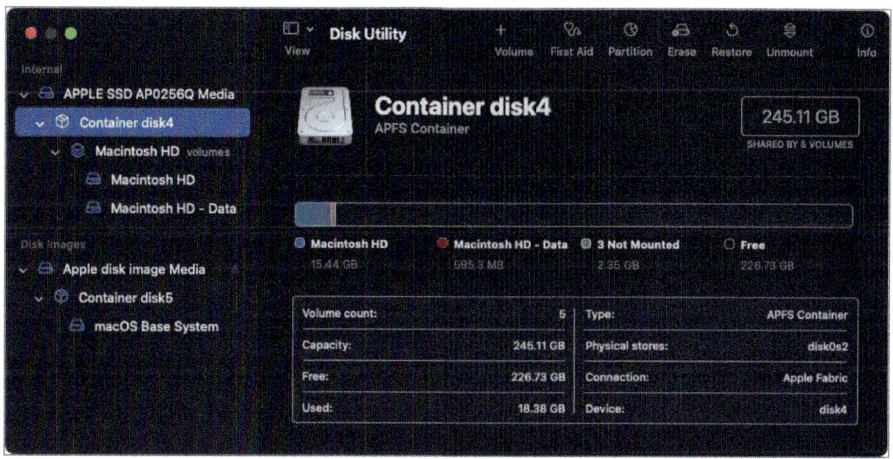

Herramientas de archivos del sistema

 ## Recuerde

Con las herramientas de controladores de dispositivos se obtiene información de los drivers que tiene instalados el equipo, tener un listado de ellos o actualizar los drivers del dispositivo en sí.

2.9. Herramientas de disco duro

Con estas herramientas se trabaja con los datos asociados a un disco duro o bien con las particiones asociadas a él. Las aplicaciones que se encuentran en el mercado son:

- *Active Kill Disk 12.0:* para destruir todos los datos en un disco físico.
- *CrystalDiskInfo 9.6.0:* para monitorear el estado de los HDD.

Herramientas de disco duro

- DiskView 2.4: para obtener información gráfica del HDD.
- DiskWipe 1.2: para borrar de forma segura el contenido de un HDD rellenándolo con datos aleatorios o dejándolo completamente en blanco.
- ExcelStor's ESTest 4.50: herramienta de utilidad de diagnóstico de HDD.
- Fujitsu HDD Diagnostic Tool 7.00: para revisar las unidades IDE en busca de posibles problemas o defectos.
- Fujitsu IDE Low Level Format 1.0: para formatear a bajo nivel discos duros de la marca Fujitsu.
- Gateway GwScan 5.12: herramienta de utilidad de diagnóstico.
- Hard Disk Sentinel 6.70: para ver el rendimiento y temperatura de los HDDs.

- HDTune 2.55: herramienta de información, escaneo de errores, salud y evaluación comparativa para el HDD.
- HDAT2 7.0: para la prueba y reparación de sectores defectuosos en los dispositivos detectados.
- HDD Capacity Restore 1.2: para devolver la capacidad de fábrica del disco duro.
- HDD Erase 4.0: para borrar datos de forma segura en los nuevos discos duros.
- HDD Low Level Format Tool 4.40: para formatear a bajo nivel discos duros SATA, SCSI, IDE y también para USB y tarjetas flash.
- HDD Scan 4.1: herramienta de diagnóstico a bajo nivel de los discos duros que también escanea la superficie de los mismos para buscar sectores defectuosos.
- IBM Hitachi Drive Fitness Test 4.16: para realizar pruebas a unidades SCSI, IDE y SATA.
- IBM Hitachi Feature Tool 2.15: permite controlar algunas de las características disponibles en el HDD.
- Maxtor amset utility 4.0: para realizar cambios en la gestión acústica del HDD.
- Maxtor Low Level Formatter 1.1: para formateo a bajo nivel de Maxtor, válido para cualquier HDD.
- Maxtor PowerMax 4.23: herramienta diseñada para realizar diagnósticos de verificación de lectura/escritura en cualquier HDD.
- MHDD 4.6: herramienta de gestión completa de un HDD.
- Samsung Disk Diagnose (ShDIAG) 1.28: herramienta de diagnóstico de HDD cuando se considera que puede contener errores.
- Samsung ESTOOL 3.01v: herramienta de gestión de diagnósticos acústicos.
- Samsung HDD Utility (HUTIL) 2.10: herramienta de diagnóstico de la unidad.
- SmartUDM 2.00: visor de HDD S.M.A.R.T.
- Toshiba Hard Disk Diagnostic 2.00b: utilidad de diagnóstico de HDD Toshiba.
- Victoria 5.37: programa universal para el testeo de dispositivos de almacenamiento.
- ViVard 1.0: herramienta de testeo de HDD.

- WDClear 1.30: repara/elimina el HDD a los valores originales del fabricante.

2.10. Herramientas de MBR *(Master Boot Record)*

Con estas herramientas se accede al arranque del sistema operativo, bien para modificarlo, bien para eliminar partes del arranque o bien para hacer funcionar el equipo sin sistema operativo. Las aplicaciones de las que se dispone son:

- BellaVista 1.1.0.63: herramienta de edición para configurar *Windows.*
- Boot Partition 2.60: para añadir particiones en *Windows* con opción Multi:boot loader.
- BootFix Utility: utilidad que se ejecuta cuando aparece el mensaje "disco de sistema no válido".
- BootSect 6.0.6: para la manipulación del sector de arranque.
- BootICE 1.3.4.0: para editar un sector de arranque MBR/PRB/BCD.
- DiskMan 4.2: herramienta todo en uno para CMOS, BIOS, bootrecord.
- FbInst 1.6: para crear un disco de arranque universal válido en todos los ordenadores.
- Grub4Dos installer 1.1: cargador universal de GRUB para DOS.
- grub4dos grub2dos 0.4.6a: gestor de arranque universal basado en GNU GRUB. Permite arrancar desde *DOS/Linux/Windows.*
- HDhacker 1.6: para cargar/guardar/ver el MBR y el sector de arranque de un disco físico o lógico.
- Isolinux 6.04-pre1: gestor de arranque para Linux que opera bajo la norma ISO 9660.
- MBRWizard 4.1: para actualizar y modificar directamente el MBR.
- MbrFix 1.3: herramienta de copia de seguridad y restauración del código de arranque del MBR.
- MBR Utility 1.05: para manipular y grabar un disco de inicio maestro (MBR) a través de la línea de comandos.
- MBRWork 1.08: utilidad para realizar funciones comunes y no comunes en el MBR.

- MBRTool 2.3.200: herramienta de copia de seguridad, verificación, restauración, edición, actualización y eliminación para el MBR.
- MBR SAVE/RESTORE 2.1: para guardar/restaurar el MBR.
- MemDisk 6.04-pre1: permite el arranque de sistemas operativos antiguos, imágenes de disco, imágenes de disco duro y otras imágenes ISO.
- PLoP Boot Manager 5.0.15: programa de arranque de los sistemas operativos de disco duro, disquete, CD, DVD o USB. Arranca sin el apoyo de BIOS.
- RMPrepUSB 2.1.746: programa para particionar y formatear un disco USB y poderlo arrancar.
- Smart Boot Manager 3.7.1: gestor de arranque múltiple.
- XOSL 1.1.5: gestor de arranque gráfico que soporta multiarranque de varios sistemas operativos.

Herramientas de MBR

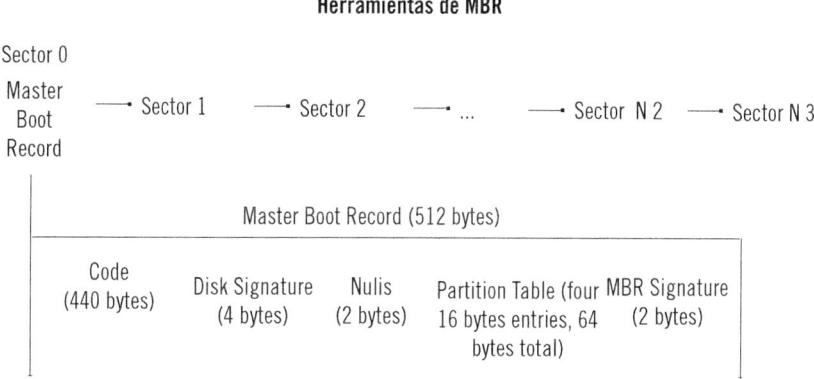

 Recuerde

Con las herramientas de disco duro se trabaja con los datos asociados a un disco duro o bien con las particiones asociadas a él.

2.11. Herramientas para MS-DOS

Se usa MS-DOS cuando se intenta arrancar el sistema operativo y este no consigue hacerlo. Las herramientas que se utilizan son:

- 1394 Firewire Support: 1394 Firewire *drivers* para Dos.
- ASUSTeK USB Driver 3: ASUS USB CD:ROM *driver* del dispositivo. Versión 1.00.
- InterlnK support at COM1/LPT1: acceso a otros equipos desde puertos COM/LPT.
- SCSI Support: SCSI *drivers* para Dos.
- SATA Support: SATA *drivers* para Dos.
- Universal USB Driver 2.27: Panasonic v2.20 ASPI Manager para dispositivos USB de almacenamiento masivo.
- USB CD:Rom Driver 1: estándar USB *driver* para el CD:ROM.

2.12. Herramientas de red

A través de ellas se obtiene el control de la red en la que se está trabajando, teniendo información sobre los puertos abiertos y sobre la actividad de la red. Las aplicaciones más comunes para esta labor son:

- Angry IP Scanner 3.9.1: herramienta para escanear direcciones IP en cualquier rango, así como los puertos.
- Complete Internet Repair 9.2.3.6095: herramienta para reparar problemas comunes de conexión a internet.
- CurrPorts 2.75: herramienta que muestra la lista de todos los puertos abiertos TCP y UDP.
- Network Password Recovery 1.61: herramienta para recuperar contraseñas y credenciales en Windows.
- PuTTY 0.78: terminal libre y de código abierto que actúa como cliente SSH y Telnet.
- SoftPerfect Network Scanner 8.1.3: escaneador de Ip, NetBios, SNMP con interfaz moderna y características avanzadas.
- SmartSniff 2.30: monitoreo de servicios públicos que permite capturar los paquetes TCP/IP que pasan a través de un adaptador de red.

- TCPView 4.18: listado de puertos TCP y UDP, incluyendo las direcciones locales/remoto de las conexiones TCP.
- TFtpd32 4.64: herramienta de TPC, DhCP, TFTP, SNTP.
- WinSCP 6.1.1: herramienta libre y abierta de SFTP / FTP.
- WirelessNetView 1.77: herramienta para supervisar la actividad de las redes inalámbricas de alrededor.

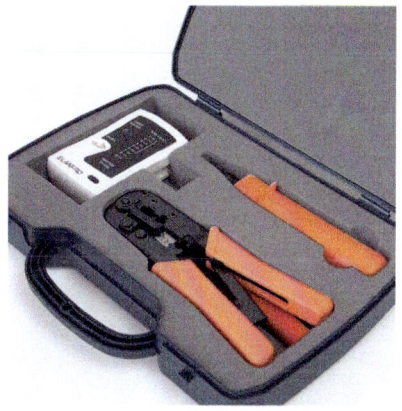

Herramientas de red

2.13. Optimizadores

Con ellas se obtiene un mejor funcionamiento de todo sistema informático. Las herramientas que se utilizan son:

- Defraggler 2.22.995: desfragmentador de todo el disco duro o archivos individuales.
- MyDefrag 4.3.1: desfragmentador de disco y optimizador de utilidades para Windows.
- NT Registry Optimizer 1.1j: optimización del registro para Windows.
- PageDfrg 2.32: desfragmentador del sistema de archivos.

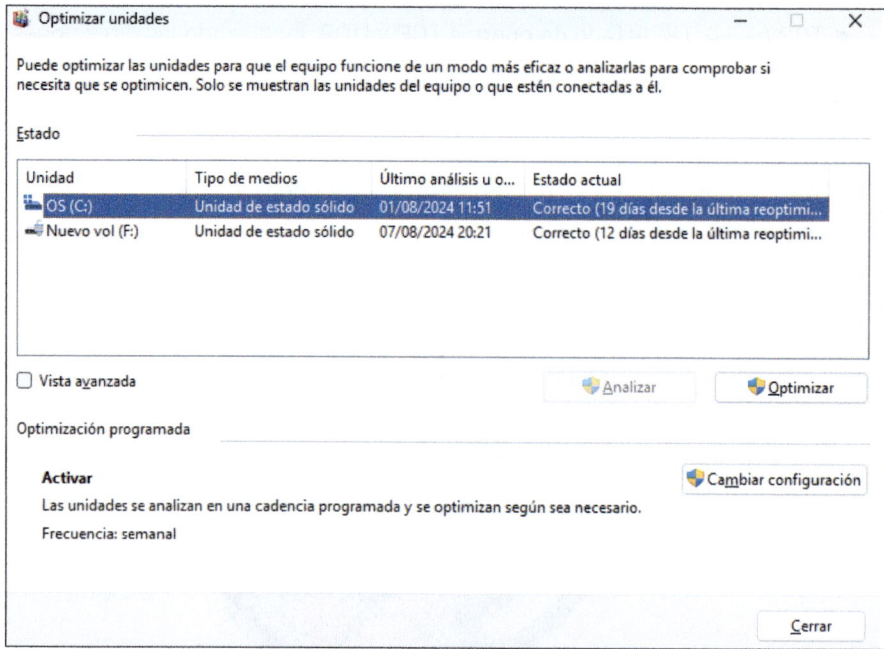

Optimizadores

2.14. Herramientas de particionado

Con estas aplicaciones se trabajar con los particionados que existan en un disco duro, bien creándolos, borrándolos, copiándolos, etc. Las aplicaciones del mercado son:

- eXtended Fdisk 1.8: permite la creación y edición de particiones.
- Fat32 Formatter GUI 1.01: para formatear un volumen mayor de 32GB con FAT32.
- GParted Partition Editor 1.5.0-1: para crear, copiar, pegar, borrar, ocultar, cambiar el tamaño o mover particiones sin perder datos.
- Mount Drives 1.1: para montar automáticamente unidades.

- Partition Table Editor 8.0: tablas de particiones y editor de registro de arranque.
- Partition Wizard Home: para cambiar el tamaño de las particiones, mover, copiar, crear, borrar, formatear, convertir y explorar las mismas.
- Ranish Partition Manager 12.8: herramienta de gestión de arranque y particionacimiento de discos duros.
- Smart Fdisk 2.05: herramienta de gestión de particiones.
- SPecial Fdisk 2000.03v: herramienta de particionado.
- Super Fdisk 1.0: para crear, borrar y formatear particiones sin perder los datos.
- The Partition Resizer 1.3.4: para mover y redimensionar particiones en un solo paso.
- USB Format Tool: para formatear y hacer *bootable* dispositivos USB.
- Volume Serial Number Changer 2.2.3: para cambiar el número de serie del dispositivo.

2.15. Herramientas de contraseñas

Con estas herramientas se trabaja con las contraseñas del sistema operativo, del disco duro, de los ficheros o de las carpetas, etc.

Las aplicaciones para su uso son:

- ATAPWD 1.2: utilidad de contraseñas para discos duros.
- Autologon 3.10: permite la configuración de *Windows* con inicio de sesión automático, por lo que no hay que esperar en la pantalla de inicio de sesión.
- BIOS Master Password Generator: colección de herramientas que permiten generar códigos para restablecer la contraseña de BIOS en los portátiles.
- BulletsPassView 1.32: utilidad que revela las contraseñas almacenadas detrás de los caracteres en *Windows*.
- Content Advisor Password 1.01: para la eliminación del asesor de contenido de Internet Explorer.
- Dialupass 3.61: para encontrar y extraer el nombre de usuario, contraseña y dominio de DialUp, RAS, VPN de redes en *Windows.*

- Kon:Boot 2.7: utilidad para pasar por alto el nombre de usuario y contraseña en el inicio de sesión en *Windows* y *Linux*.
- LicenseCrawler 2.9 build 2684: para localizar las claves de las licencias y los números de serie de s programas.
- Mail PassView 1.91: recupera las contraseñas de correo.
- MessenPass 1.43: herramienta de recuperación de contraseña de programas de mensajería instantánea.
- NTPWD: utilidad para restablecer la contraseña de administrador/usuario en *Windows*.
- NTPWEdit 0.7: editor de contraseñas para los sistemas *Windows* basados en NT que permite cambiar o eliminar las cuentas del sistema local.
- Offline NT Password Changer 140201: para restablecer/desbloquear cuentas de administrador/usuario en sistemas *Windows*.
- Password Renew 1.1: utilidad para activar/desactivar las contraseñas en los sistemas *Windows*.
- ProduKey 1.97: para recuperar la clave de productos *Windows/Office*.
- PST (Outlook) Password Recovery 1.22: recupera contraseñas perdidas de Outlook.
- Router IP/Passwords: lista las contraseñas y direcciones IP del router.
- SniffPass 1.13: herramienta de monitoreo completa para redes.
- WebBrowserPassView 2.11: permite ver los nombres de usuario y contraseñas de la mayoría de navegadores del mercado.
- WindowsGate 1.1: para activar o desactivar la validación de contraseña en *Windows*.
- WirelessKeyView 2.20: recupera las claves de red inalámbricas almacenadas en sistema además de dar una configuración inalámbrica rápida.
- XP Key Reader 2.7: utilidad para decodificar la clave de XP en sistemas locales o remotos.

 **Recuerde**

Se usa MS-DOS cuando se intenta arrancar el sistema operativo y este no consigue hacerlo.

2.16. Herramientas de procesos

Con este tipo de herramientas se conoce qué información usan los procesos que se ejecutan actualmente en sistema operativo, las DLL's que utilizan, la memoria que consumen, etc. Las aplicaciones del mercado son:

- Dependency Walker 2.2: utilidad que comprueba si faltan DLL o módulos.
- IB Process Manager 1.04: herramienta de administración de procesos DLL.

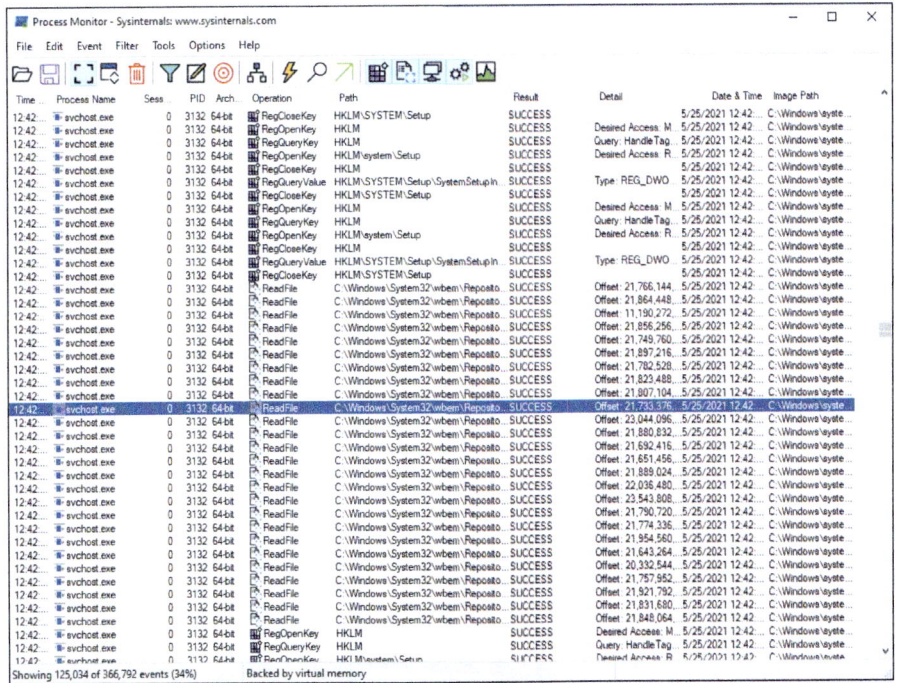

Herramientas de procesos

- OpenedFilesView 1.52: muestra los archivos abiertos o bloqueados del sistema.
- Pocket KillBox 2.0.0.978: elimina los archivos difíciles de borrar.

- Process Explorer 17.02: muestra información sobre los procesos que se manejan y las DLLs abiertas o cargadas.
- Process Monitor 3.85: para controlar en tiempo real al sistema de archivos, el registro y la actividades de los procesos.
- ProcessActivityView 1.31: información detallada del modo de acceso de los procesos en su lectura/escritura.
- RKill (2.11.0.0): elimina los procesos de *malware* y las políticas de correcciones que impiden el uso de ciertas herramientas.
- RunAsDate 1.37: permite ejecutar una aplicación en una hora y fecha determinada.
- Unlocker 1.9.2: permite eliminar archivos o carpetas cuando se recibe el mensaje: **No se puede eliminar el archivo: acceso denegado** o **El archivo está en uso por otro programa.**

2.17. Herramientas de recuperación

Con estas aplicaciones se pueden obtener copias de seguridad de la información más importante del sistema y recuperar los datos directamente del dispositivo *hardware*. Las aplicaciones más comunes son:

- DataRescue DD 5.0: herramienta de generación de imágenes de disco, destinado a la recuperación de datos y copia de seguridad de dispositivos de almacenamiento dañados.

Herramientas de recuperación

- DiskDigger 1.59.2: recupera los archivos de fotos, videos, música, documentos y otros de las unidades de almacenamiento tanto internas como externas.
- Partition Find and Mount 4.4: para encontrar y montar particiones perdidas o eliminadas.
- PartitionRecovery 1.0: para recuperar particiones borradas accidentalmente.
- PhotoRec 7.2: para recuperar archivos e imágenes de DOS/ Windows / Linux.
- Recuva 2.71.1213: recupera archivos borrados del disco duro, tarjetas de memoria de cámaras digitales o reproductores mp3.
- AOEMI Backupper estándar 7.3.3: es un *software* gratuito de copia de seguridad y restauración para *Windows.* Permite a los usuarios realizar copias de seguridad completas, incrementales y diferenciales de discos, particiones y sistemas operativos.
- Restoration 5.0: para recuperar archivos borrados.
- ShadowExplorer 0.9.1: para ver las instantáneas creadas por el servicio de Windows y recuperar versiones anteriores de archivos borrados.
- Smart Partition Recovery 1.4.8: para localizar particiones NTFS perdidas y recuperarlas.
- SoftPerfect File Recovery 1.2: recuperar archivos borrados accidentalmente de cualquier medio de almacenamiento de datos tanto interno como externo.
- TestDisk 7.2: para chequear y recuperar particiones desde DOS/Windows/Linux.
- Unstoppable Copier 5.2: permite copiar archivos de discos duros con sectores defectuosos.

Recuerde

Con las herramientas de procesos se conoce qué información usan los procesos que se ejecutan actualmente en sistema operativo, las DLL's que utilizan, la memoria que consumen, etc.

2.18. Herramientas de registro

Con ellas se trabaja en el registro del sistema operativo, para sacar copias de seguridad o para limpiar el registro de entradas innecesarias. Las aplicaciones del mercado son:

- ERUNT 1.1j: para la recuperación de emergencia de una copia de seguridad o restauración de *Windows*.
- Fix hDC 1.3: fijar el controlador del disco duro al sustituir la placa base en un sistema XP.
- Glary Registry Repair 5.0.1.187: para limpiar el registro que permite escanearlo de manera segura, limpiar y reparar los problemas del mismo.
- RegFromApp 1.22: herramienta de monitoreo sobre los cambios registrados en el registro de una aplicación determinada.
- Registry Editor 1.1: herramienta de edición remota de registro y perfiles de usuario.
- Registry Restore Wizard 1.1: para restaurar un registro del sistema dañado en XP.
- Regmon 10.0: utilidad de supervisión que mostrará qué aplicaciones tienen acceso al registro.
- RegScanner 2.50: para encontrar o buscar en el registro de Windows.
- RegShot 1.9.1: permite capturar el registro en un momento dado comprándolo posteriormente.
- Registry Viewer 4.2: herramienta de visor/editor de registro.

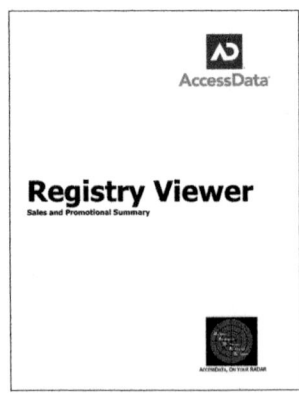

Herramientas de registro

2.19. Herramientas de control remoto

Con esta herramienta se controla un ordenador que no esté en la misma red de ordenadores que la que se está usando.

Las aplicaciones para esta función son:

- Ammyy Admin 3.6: acceso remoto al ordenador, compartición de escritorio, transferencia de archivos y voz.
- TeamViewer 15.46.7: acceso a cualquier ordenador remoto a través de Internet.
- TightVNC 2.8.73: *software* de escritorio remoto para ver/ controlar con el ratón y teclado al ordenador remoto.

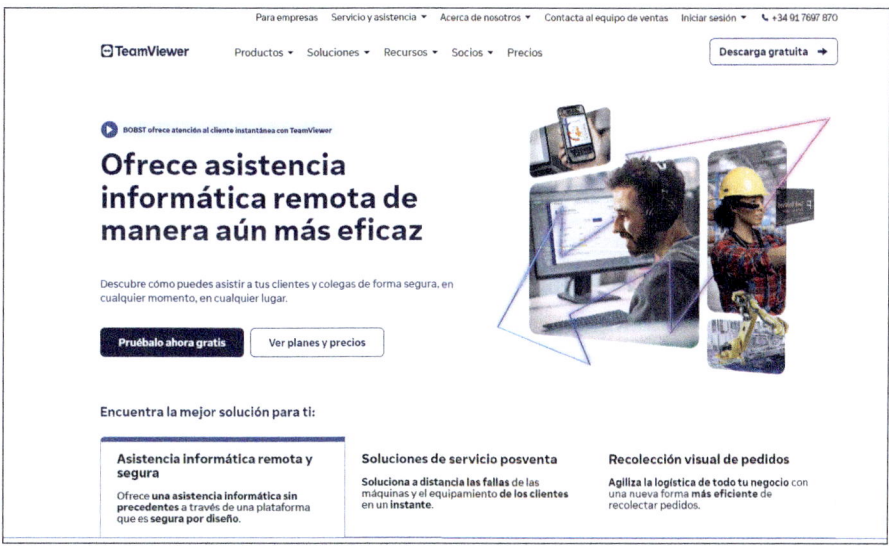

Herramientas de control remoto

2.20. Herramientas de seguridad/cifrado

Con las herramientas de cifrado se pueden convertir los datos más importantes o de mayor relevancia del equipo en datos codificados de tal manera que se deberán cumplir unos determinados pasos de seguridad para acceder a estos archivos.

Las aplicaciones usuales son:

- DiskCryptor 1.3.0: herramienta de cifrado que permite codificar todos los discos/particiones, incluyendo el sistema de particiones.
- TrueCrypt 7.2: permite crear un disco virtual cifrado dentro de un archivo y montarlo como un disco real. También lo puede hacer con todo el disco duro.

2.21. Herramientas de arranque ("startup")

Estas herramientas de arranque proceden a cargar el escritorio del usuario. Las aplicaciones del mercado son:

- Autoruns 14.12: muestra las entradas de la carpeta de inicio, otras claves del registro, el explorador de extensiones del "Shell", barra de herramientas, objetos de ayuda de navegador, auto-inicio, servicios, tareas programadas, *Winsock.*
- HijackThis 2.0.5b: un detector/eliminador de hijack.
- ServiWin 1.48: alternativa de servicios de *Windows/* herramientas de controladores.
- Silent Runners Revision 3.7: detección de *spyware, malware* y *adware* en el proceso de inicio.
- Startup Control Panel 2.8: para editar los programas de inicio.
- Startup Monitor 1.02: avisa cuando un programa se registra en el arranque del sistema.

2.22. Herramientas de información del sistema

Con ellas se obtiene información detallada de todo lo que compone el sistema informático. Las herramientas son:

- Astra 6.63: herramienta de información avanzada y asistente de informes.
- CPU Identification utility 1.20: información detallada sobre la CPU.

Herramientas de información del sistema

- CPU:Z 2.07: facilita información sobre los dispositivos principales del sistema.
- CTIA CPU Information 2.7: herramienta de información sobre la CPU.
- Drive Temperature 2.0: muestra la temperatura de los discos duros.
- HWiNFO 7.43: herramienta de información del sistema.
- Navratil *Software* System Information 1.0: herramienta de información del sistema de uso profesional.
- PCI and AGP info Tool 2.7: herramienta de información sobre PCI.
- PC Wizard 2012.2.13: sistema de información o referencia diseñado especialmente para la detección del *hardware* del sistema.
- SIW 2024.07.30: para recoger información detallada sobre las características y ajustes del sistema.
- Speccy 1.32.740: sistema avanzado de herramientas para obtener información del PC.
- System Analyser 5.3w: herramienta de información del *hardware* del equipo.
- System Explorer 7.1: herramienta que muestra información detallada del sistema, de los procesos, arranques, etc.
- SysChk 2.46: define el *hardware* que se ha instalado.

- Update Checker 4.0.4: explora el equipo en busca del *software* instalado y de sus posibles actualizaciones.

Recuerde

Con las herramientas de registro se trabaja en el registro del sistema operativo, para sacar copias de seguridad o para limpiar el registro de entradas innecesarias.

2.23. Herramientas de testeo

Con estas herramientas se pueden hacer una serie de testeos sobre los componentes del equipo para obtener información de ellos. Las aplicaciones de las que se dispone son:

- Bart's Stuff Test 5.1.4: analiza y realiza pruebas de estrés sobre dispositivos de almacenamiento masivo.
- CPU/Video/Disk Performance Test 10.3: para poner a prueba y testear CPU, video y discos.
- Disk Speed 3.5: testeo de la velocidad de los HDD.
- h2testw 1.4: para testear USB, discos duros internos y externos y dispositivos de red.
- HDD Scan 4.1: herramienta de testeo de discos duros a bajo nivel.
- IsMyLcdOK (Monitor Test) 1.4: testeo en pantallas CRT/LCD/TFT para buscar los pixeles muertos.
- Memtest86+ 9.4: herramienta de testeo de memoria.
- MemTest 8.5: testeo de memoria.
- Prime95 30.8: para detectar errores en la CPU o memoria RAM.
- S&M Stress Test 1.9.1: para comprobar el funcionamiento y rendimiento de la CPU, HDD y memoria.
- System Speed Test 4.78: testeo del Sistema.
- Test hard Disk Drive 1.0: testeo de los HDD.
- Video Memory Stress Test 1.8: testeo de la RAM de las tarjetas gráficas.

- Video Memory Stress Test CE 1.21: testeo de RAM de las tarjetas gráficas en un entorno limpio.
- Windows Memory Diagnostic 6.2: testeo de memoria RAM.

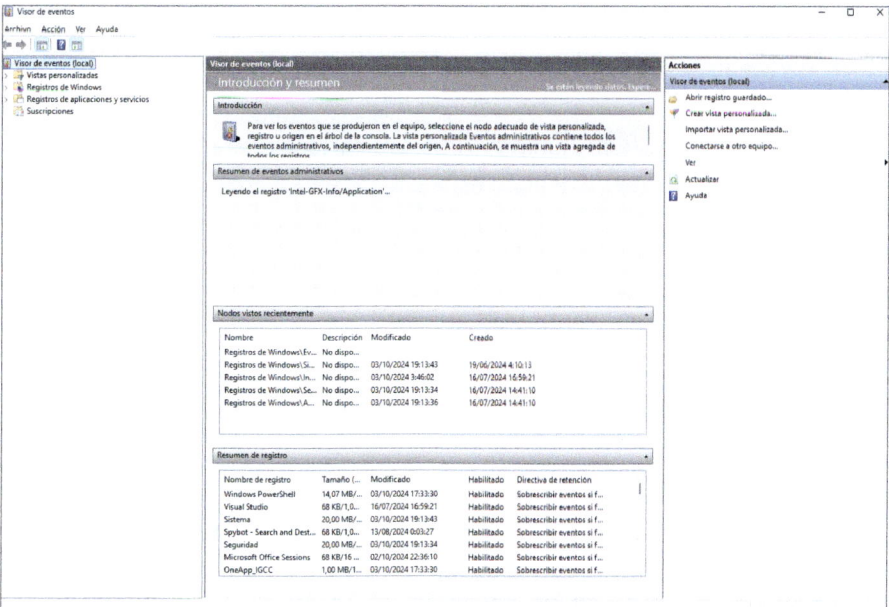

Herramientas de testeo

2.24. Herramientas de ajuste

Gracias a estas herramientas se personaliza el sistema informático y la forma de trabajo al gusto del usuario. Las aplicaciones de las que se dispone son:

- Dial a Fix 0.60.0.24: corrige los errores y problemas con objetos COM/ActiveX y que faltan en las entradas del registro, actualizaciones automáticas, etc.
- Disable Autorun 1.0: inhabilita el autorun.inf para prevenir de virus procedentes del autorun del USB.

- Disable Compress Old Files 1.0: aplicación útil cuando la herramienta de "liberador de espacio en disco" deja de responder al comprimir archivos antiguos.
- EzPcFix 1.0.0.16: eliminación de virus, *spyware* y *malware*.
- InstalledCodec 1.25: Activa/Desactiva controladores instalados Codec y filtros DirectShow.
- KeyTweak 2.3.0: un programa de distribución del teclado de reasignación de teclas.
- Protect a Drive from Autorun Virus 1.0: protege *pendrives* de la infección de virus autorun cuando es insertado en un ordenador infectado.

2.25. Otras herramientas

Existen otras herramientas que también pueden ser útiles de cara a trabajar con el sistema operativo. Estas aplicaciones son:

- Calcute 11.5.27: calculadora científica compacta.
- Don't Sleep 8.12: suspender temporalmente la administración de energía y evitar el cierre del sistema, de espera, de hibernación, apagar y reiniciar.
- HBCD Customizer 2.0: herramienta GUI para crear imágenes personalizadas ISO.
- HBCD Program Launcher 3.0: lanzador de aplicaciones.
- Mouse Emulator 2.2: utilización del teclado numérico como si fuera un ratón. Muy útil si el ratón está roto o existen problemas con el controlador USB.
- NT 6.x fast installer: instalar *Windows* directamente al disco duro/unidad USB externa.
- On:Screen Keyboard: utilidad que muestra un teclado virtual en la pantalla del ordenador.
- Parted Magic 2024.08.01:: entorno de rescate de *Linux*. Basado en aplicaciones de particionamiento, "backup", recuperación, etc.
- Universal TCP/IP Network 6.5: cliente de red MS:DOS para conectarse a través de TCP/IP a una red basada en *Microsoft*.

3. Diagnósticos básicos

Debido a la cantidad de *software* descrito, es necesario centrarse en los programas más característicos y usados en el mundo laboral y que engloben al resto de los programas. Algunos de ellos se muestran a continuación.

El programa *HDAT2* va a servir fundamentalmente para trabajar con los discos duros. A través de él se va a poder obtener información del disco, escanearlo para buscar sectores defectuosos y/o repararlos, realizar test sobre ellos, etc. Una vez ejecutado este programa se observa la siguiente pantalla:

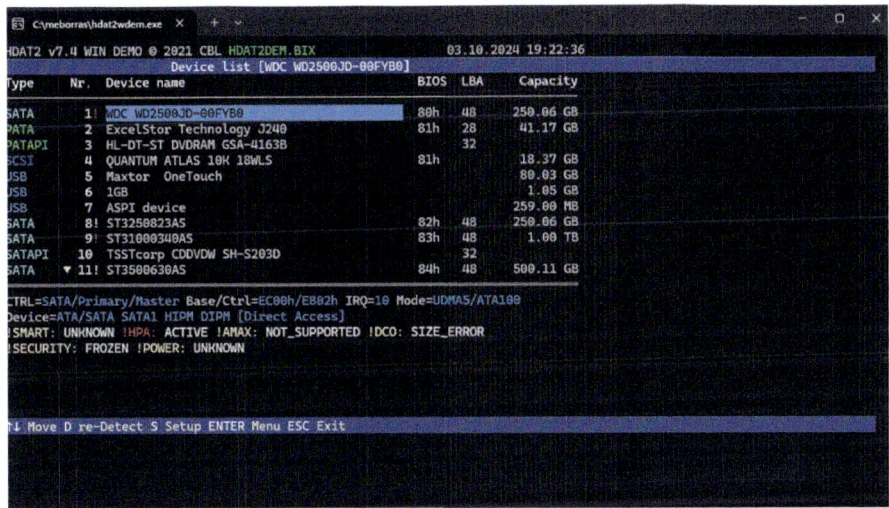

Imagen principal del programa HDAT2

Si se observa la pantalla anterior, esta ofrece un listado de los principales medios de almacenamiento, en el caso de la imagen de la unidad de disquette y de un disco duro. Además en la derecha de la pantalla aparece la capacidad del volumen.

Para poder acceder a las opciones, se elegirá el dispositivo sobre el que se quiere trabajar y se mostrará la siguiente imagen:

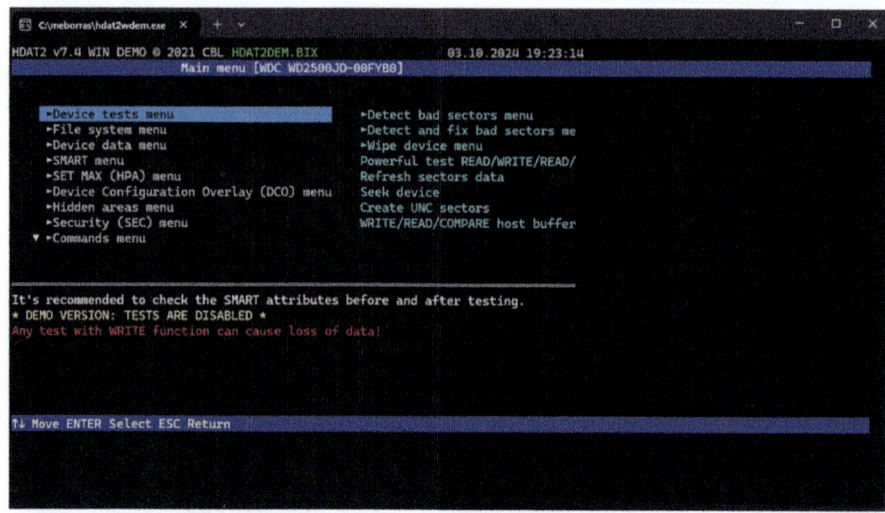

Opciones del programa HDAT2

A continuación, se muestran las opciones más utilizadas al trabajar con estos dispositivos. Dentro del menú *Drive Level Test Menu* se encuentran las siguientes:

- *Check and Repair bad sectors:* se encarga de chequear el dispositivo de almacenamiento en busca de sectores defectuosos (porción del disco duro físicamente dañada en un disco duro u otro dispositivo de almacenamiento) y trata de repararlos. La reparación consiste en marcarlos como inactivos de tal manera que no puedan ser usados
- *Check bad sectors only:* únicamente busca los sectores defectuosos.
- *Read and repair bad sectors:* intenta primero leer e intentar escribir en los sectores defectuosos antes de marcarlos como no válidos.
- *Read Bad Sectors:* únicamente localiza los sectores defectuosos.
- *Wipe drive:* esta opción lo que hace es limpiar el disco seleccionado. Por limpiar se entiende dejarlo totalmente vacío y sin datos.
- *Seek Drive:* compacta los datos de discos duros antiguos.
- *Most Powerful Test:* realiza un test a fondo sobre el dispositivo.
- *User defined test:* realiza un test predefinido (tarda menos que el anterior).

Programa HDAT2 buscando de sectores defectuosos

En la imagen anterior se muestra cómo la barra azul situada en medio de la pantalla tiene que avanzar hasta el final para terminar el proceso de búsqueda de sectores defectuosos. Cada vez que se localice un posible sector dañado el programa pitará y se parará durante unos segundos (incluso minutos) la búsqueda para centrarse en ese sector y hacer una serie de pruebas. Hechas las pruebas se producen tres escenarios posibles:

- El mejor de todos: solo ha sido un falso error y el sector no está dañado.
- El sector está próximo a ser defectuoso, con lo cual se marca con amarillo y con una "W" dentro de *Warning* (peligro).
- El peor de todos: el sector es defectuoso, con lo cual se marca con rojo y con una "B" de *Bad* (malo).

La búsqueda no termina hasta que no se llega al final del dispositivo que se está testeando.

Otro programa interesante para trabajar con el disco duro es el *GetDataBack* tanto en la versión *FAT* como en la versión *NTFS* (dependiendo del sistema de archivos de ordenador) que sirve para recuperar datos (bien eliminados por error, bien por un formateo del disco duro, etc.) La pantalla principal de este programa es la siguiente:

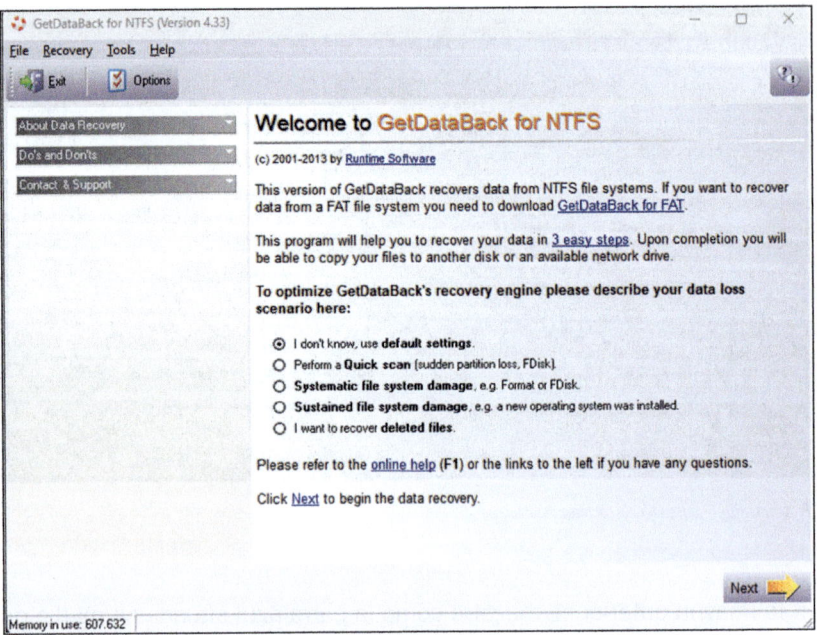

Pantalla de bienvenida a la aplicación GetDataBack

 **Nota**

Este programa es de pago, no obstante se puede descargar una versión demostrativa en la que se pueden ver los datos borrados pero no recuperarlos.

En la pantalla de bienvenida, el programa va preguntando acerca de que es lo que ha ocurrido:

- *I don't know, use default settings:* es el caso de cuando no hay ninguna noción sobre lo que ha sucedido en el disco (no lo sé, usar la configuración por defecto). Podría usarse cuando se recibe un disco duro de un cliente y no se sabe qué ha pasado en su sistema de ficheros.
- *Perform a Quick scan:* realice un escaneado rápido del sistema.

- *Systematic file system damage:* se produce tras el formateo del disco duro para poder recuperar toda o parte de la información.
- *Sustained file system damage:* se instala un nuevo sistema operativo en el disco duro y se formatea.
- *I want to recover deleted files:* recupera archivos borrados accidentalmente.

Una vez escogida la opción deseada se pulsa sobre **Next** para escoger en qué disco duro o medio de almacenamiento se quiere realizar la operación seleccionada. Una vez elegido el disco duro y pulsado sobre **Next** pasaría a mostrar el estado de este. Se seleccionaría partición o el disco entero si no estuviera particionado y comenzaría el proceso de búsqueda. Normalmente este proceso suele tardar bastante (puede llegar incluso a horas). Una vez terminado se obtendrá un navegador de archivos. Debajo de este cuadro aparece una leyenda, y en concreto lo que esté tachado es que está eliminado, si se pincha con el botón derecho del ratón sobre el archivo o carpeta tachada se podrá copiar en una carpeta del escritorio y así recuperarlo siempre y cuando se tenga activada la licencia. El programa para la *Fat* funciona exactamente igual que el *NTFS*.

A continuación, se estudiará el testeo de la memoria RAM para localizar posibles fallos en ella. En este caso, se mostrará el programa *Memtest86+*. Esta aplicación se va a encargar de realizar test de estrés sobre la memoria RAM con el fin de localizar casillas defectuosas y en el caso de que se pueda, aislarlas (con el fin de que el sistema operativo no entre a escribir o leer de esas casillas y se quede inestable).

Importante

Este programa se centra en realizar los test de forma infinita, es decir, cuando termina un test comienza nuevamente el mismo test sobre la memoria, hasta que lo interrumpe el usuario.

La herramienta se compone de diez test individuales:

1. Test 0: testea todos los bits en los bancos de memoria.
2. Test 1: cada bit es escrito con el valor que contiene y luego es comprobado para detectar posibles diferencias. Este test es más estricto que el test 0.
3. Test 2: escribe 1 y 0 en base a un patrón. Se utiliza en sistemas que tienen la RAM muy dañada.
4. Test 3: diseñado para detectar fallos que se producen por interferencias con las células de memoria adyacentes.
5. Test 4: es igual al test 3, pero con la diferencia que se usan números aleatorios y en cada pasada un patrón distinto hasta 60 disponibles.
6. Test 5: se basa en mover la memoria por bloques de un determinado tamaño.
7. Test 6: test para detectar errores de datos.
8. Test 7: se graban una serie de números aleatorios en memoria y luego se comprueba que todo es correcto.
9. Test 8: comprueba errores en memoria caché y que no interfieran con la RAM.
10. Test 9: se carga la memoria RAM por completo con un determinado patrón. Se deja 90 minutos inactiva, luego se procede a buscar variaciones en ella. Dura aproximadamente 3 horas y para ejecutar este test debe ser seleccionado por el usuario.

Imagen principal del programa Memtest86+

La imagen principal de esta aplicación es la que se muestra a continuación:

Si se observa la pantalla anterior se ve que el programa arranca directamente haciendo el escaneo sobre la memoria RAM. Si se pulsa la tecla [C] se accede al menú de opciones que cuenta con las siguientes:

- *Test Selecction:* sirve para escoger el tipo de test que se quiere realizar.
- *Addres Range:* sirve bien para poner un límite superior o inferior a la hora de analizar la memoria. También da la opción de analizarla por completo.
- *Memory Sizing:* permite analizar la memoria de BIOS.
- *Error Report Mode:* obtiene o establece opciones acerca de los errores.
- *Show DMI Memory Info:* muestra información acerca de los módulos de memoria instalados (cantidad, lugar que ocupan, tamaño, etc).
- *ECC Mode:* se puede activar o desactivar CC.
- *Restart:* sirve para resetear al programa y comenzar de nuevo.
- *Refresh Screen:* sirve para refrescar la pantalla.
- *Display SPD Data:* muestra información sobre el bus de la memoria en el caso de que lo pueda detectar.
- *Continue:* para una vez elegidos los cambios o no volver a la aplicación principal.

La familia de sistemas operativos Windows proporciona una herramienta llamada *Windows Memory Diagnostic* (diagnóstico de memoria de Windows) que permite, igual que la herramienta anterior *(Memtest86+),* poder analizar la memoria RAM en busca de posibles fallos. Su pantalla principal es la siguiente:

```
(P) Pause (X) Exit (T) Run standard tests        | Windows Memory Diagnostic
─────────────────────────────────────────────────────────────────────────────
Test name:          MATS+ (cache disabled)              Pass: 1 Test: 7 of 11
Test description:   Identifies most basic faults using walking ones
                    and zeroes.
Pass progress:      |══════════|                                            |
Test progress:      |══════════|                                            |
Range progress:     |════════════════════════════════════/                 |
─────────────────────────────────────────────────────────────────────────────
Pass    Test        Cache              | System memory map
─────────────────────────────────────────────────────────────────────────────
1       Stride6     On     Succeeded   | [00030000 - 0009e000]
1       WMATS+      On     Succeeded   | [00100000 - 00400000]
1       WINVC       On     Succeeded   | [004de000 - dfee0000]
1       MATS+       Off    Active      | [dfee3000 - dfef0000]
─────────────────────────────────────────────────────────────────────────────
Results  Pass   Test       Cache  Address   Expected   Actual
─────────────────────────────────────────────────────────────────────────────
62957    1      MATS+      Off    3fcf40a0  ffffffff   ffffefff
62958    1      MATS+      Off    3fcf4080  ffffffff   ffffefff
62959    1      MATS+      Off    3fcf4020  ffffffff   ffffefff
62960    1      MATS+      Off    3fcf4000  ffffffff   ffffefff
```

Pantalla principal de "Windows Memory Diagnostic"

Si lo que se quiere es hacer un test más profundo, se puede pulsar la tecla [T]. Con esta tecla se realiza un test con pruebas extendidas (obviamente tardará más tiempo en analizar la memoria RAM que la prueba normal). Con la tecla [P] se puede parar el test para a continuación con la tecla [M] (es imprescindible que esté parado el test para poder acceder al menú) se accede al menú principal con las siguientes opciones:

- *View errors by memory module:* muestra los errores ordenados por los módulos de memoria en los que ocurrieron.
- *View errors by test:* muestra los errores ordenados por la prueba que detectó el error+.
- *View system information:* muestra información sobre los módulos de memoria instalados en el equipo (incluyendo el tipo de módulo, fabricante y ranura de la placa base donde está insertada).
- *Advanced options:* este menú se subdivide en otro submenú:

  - *Change cache settings:* se puede elegir si las pruebas se ejecutan con la caché del microprocesador activada o desactivada.
  - *Change the memory map:* permite elegir un mapa de memoria extendida o un mapa estándar predeterminado.
  - *Change the test suite:* permite elegir entre un conjunto de pruebas básico, estándar o predeterminado.

En el siguiente punto se trabaja con BIOS. El programa seleccionado para ello es *BIOS Agent Scan* que suministra información detallada de todo lo que sucede en el sistema. Tras descargar el programa, se pincha en el icono con el botón derecho del ratón y se escoge la opción de *Scan* (lo que hace es comprobar los valores de la BIOS intensamente). Una vez terminado el escaneo a la BIOS, se vuelve a pinchar con el botón derecho del ratón sobre el icono del *BIOS Agent Scan* y se elige la opción de *Save Scan Data* (salvar los datos del escaneo). Se guarda como documento XML (informará de todo en modo texto plano) o en documento HTML (que tendrá una interfaz más detallada).

 Nota

Si lo guarda en modo HTML además de informar sobre los valores o características fundamentales de BIOS comunica al usuario sobre la actualización.

En la siguiente imagen se observa un escaneado con la opción de guardarlo como HTML.

Escaneado con HTML de BIOS

El siguiente programa se llama *!BIOS* y se utiliza fundamentalmente para realizar una copia de seguridad o restaurar una copia de seguridad de los valores de la BIOS o del CMOS. Esto es muy adecuado cuando hay que realizar un proceso de actualización de BIOS (sobre todo en ordenadores antiguos para que puedan detectar discos duros IDE modernos). El aspecto de la pantalla principal del programa es la que sigue:

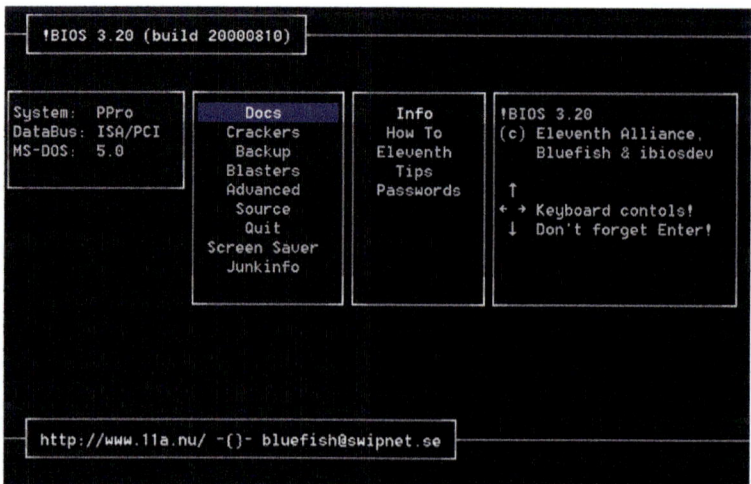

Pantalla principal de !BIOS

Los menús y utilidades son los siguientes:

- *Docs:* se obtiene acceso a documentos. Están en inglés.
- *Backup:* desde aquí se puede hacer una copia de seguridad de la bios (*backup*) o restaurar una copia de seguridad ya efectuada *(Restore)*. Siempre que se trabaje en la BIOS o CMOS es aconsejable realizar una copia de seguridad.
- *Blasters:* desde esta opción se puede borrar la BIOS o CMOS dejarlas vacías para proceder luego a su actualización.
- *Advanced:* escogiendo este apartado, se edita el CMOS mediante un editor. También se puede escribir/leer primero en memoria (antes de pasar por CMOS) o hacer un volcado (dump) de la BIOS.
- *Source:* en el se encuentran algunos editores.
- *Quit:* sirve para abandonar la aplicación.
- *Screen Saver:* no ofrece utilidad alguna. Es un simple salvapantallas.
- *Junk. Info:* se obtienen valores básicos sobre la clase de CPU, tipo de bus, información sobre la memoria, etc.

3.1. Antivirus. Spybot: Search & Destroy 1.6.2

Con esta aplicación se detectan todos aquellos virus que pueden aectar y dañar gravemente el sistema informático: *spyware*, *adware*, secuestradores *(hijackers)* y otras clases de *software* malicioso.

Pantalla principal:

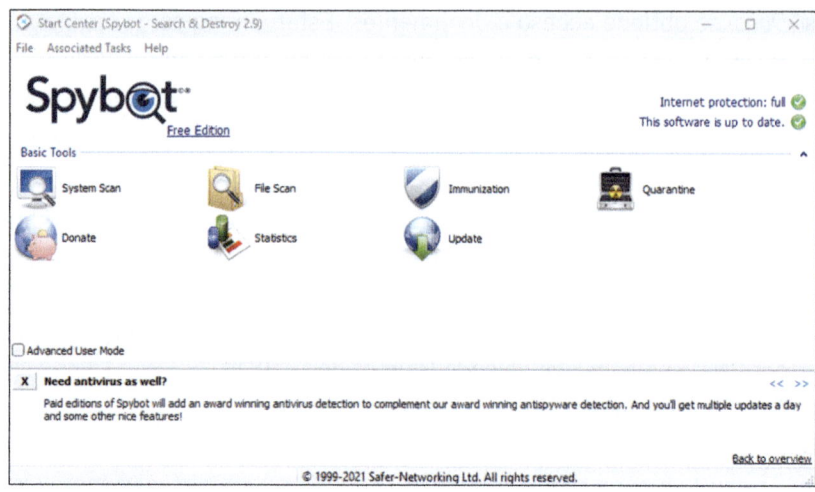

SpyBoot And Search

Inicialmente habrá que pasar por el icono etiqueta como "Update" para realizar la actualización del programa a fecha actual. Una vez actualizado, si lo que se quiere es analizar el equipo en busca de *spy* o *malware,* bastará con pulsar sobre "SystemScan" para obtener la siguiente pantalla:

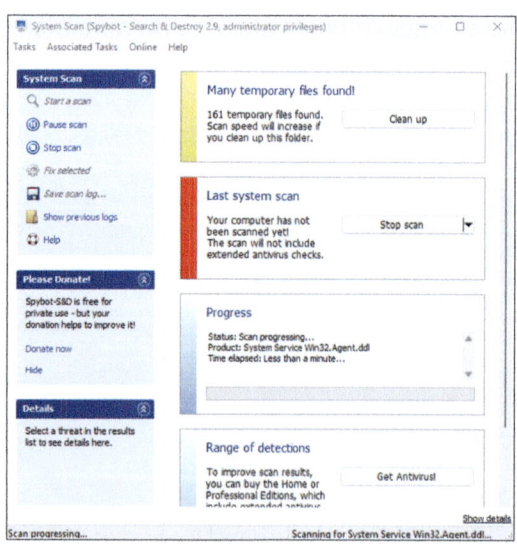

Análisis en busca de spy y malware

Una vez que termine de analizar el equipo, se puede pulsar sobre el botón **Clean up** para realizar la limpieza de todo el *spyware* y *malware* localizado en el equipo. Una vez que se ha limpiado el equipo, si se vuelve a la pantalla principal de esta aplicación,se puede pulsar sobre el icono de Inmunization para librarse de este tipo de *software*.

3.2. Herramientas de copia de seguridad. *RegBak 1.0*

La imagen cambiarla por la siguiente:

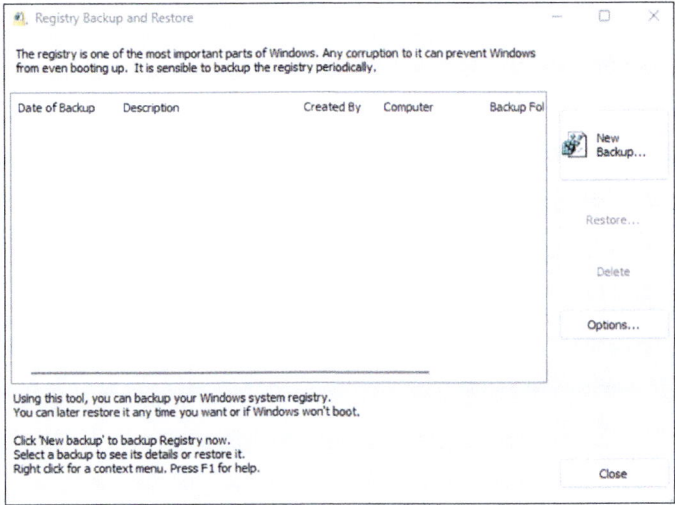

Pantalla principal de RegBak 1.0

En la pantalla anterior se ha de seleccionar "New Backup" para realizar una nueva copia de seguridad. Una vez pulsado el botón, se obtendrá la siguiente pantalla:

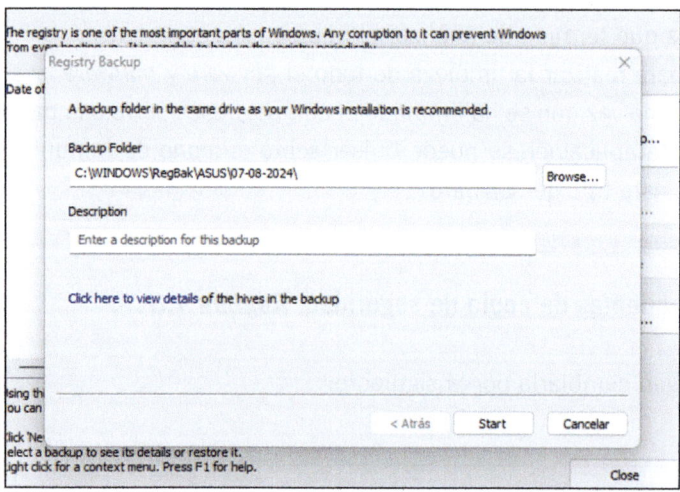

Selección del directorio y descripción de la copia de seguridad

En **Backup Folder** se establecerá el directorio donde se va a alojar o guardar la copia de seguridad que se va a realizar. En **Description** se establecerá un título para dar nombre a la copia de seguridad. Si se pincha en "Click here to view details" se obtendrá la siguiente imagen:

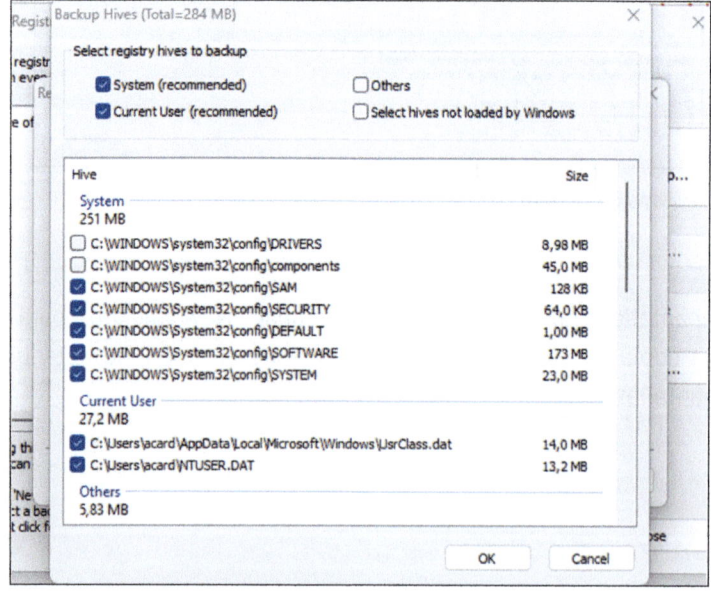

Selección de los componentes de la copia de seguridad

En la pantalla anterior se pueden seleccionar los elementos sobre los que se quiere realizar la copia de seguridad. Una vez seleccionados, hay que pulsar en el botón **Start** y se realizará la copia de seguridad. Una vez finalizada aparecerá la siguiente información:

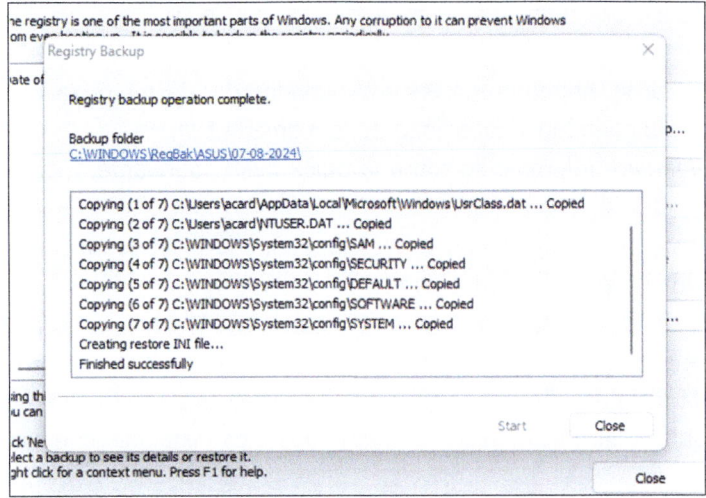

Finalización de la copia de seguridad

A continuación, pinchar en el botón **Close** y tal y como se muestra en la siguiente imagen, ya está realizada la copia de seguridad:

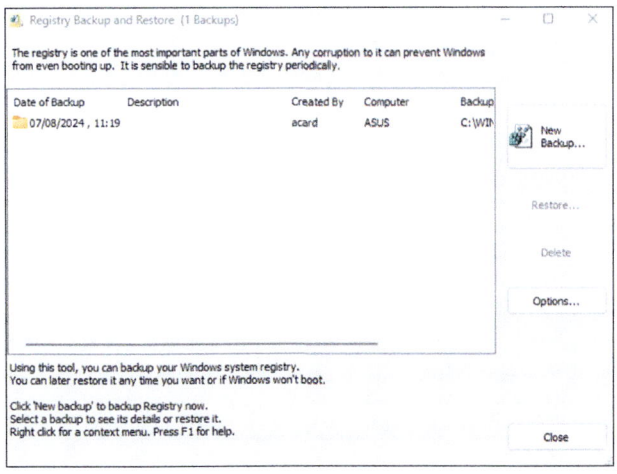

Listado de las copias de seguridad realizadas con RegBak

3.3. Herramientas de información del sistema. CPU:Z

Este programa facilita información sobre los dispositivos principales del sistema. Su pantalla principal se divide en una serie de pestañas:

- CPU: se obtienen valores relacionados con el microprocesador y sus características.
- *Cachés:* se obtienen valores relacionados con la memoria caché (por ejemplo cantidad y capacidad de la memoria L1).
- *Mainboard:* información sobre la placa base, fabricante, modelo, *chip-sets*, etc.
- *Memory:* relacionado con valores de memoria RAM como cantidad, capacidad, tipo, frecuencia, etc.
- *SPD:* es la cantidad de zócalos de memoria RAM que tiene la placa. Permite seleccionar zócalo por zócalo y ver las características del modulo RAM instalado.
- *Graphics:* información sobre la tarjeta gráfica instalada en el sistema.

En la siguiente imagen se muestra una visión general de este programa:

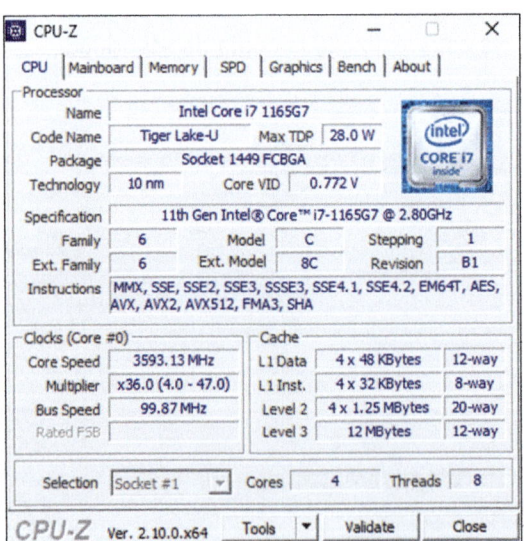

CPU:Z

3.4. Herramientas de testeo. *Disk Speed 1.0*

Esta herramienta va a permitir medir la velocidad lineal, aleatoria y el tiempo de acceso al disco duro que tenga instalado el sistema.

DiskSpeed 1.0

Simplemente se seleccionará el disco duro de la lista que se quiere analizar y se pulsará sobre el botón **Test,** para al cabo de unos segundos obtener la información deseada.

Nota

Mientras el programa va obteniendo los valores mostrará en las casillas de datos la información *N/A*. Cuanto mayor valor en el campo *Overal Score* más rápido y potente será el disco duro

3.5. AOMEI Backupper

Esta herramienta va a permitir realizar copias de seguridad y de restauración para *Windows* de forma gratuita. Una vez descargada y ejecutada desde su página oficial, su pantalla principal es la siguiente:

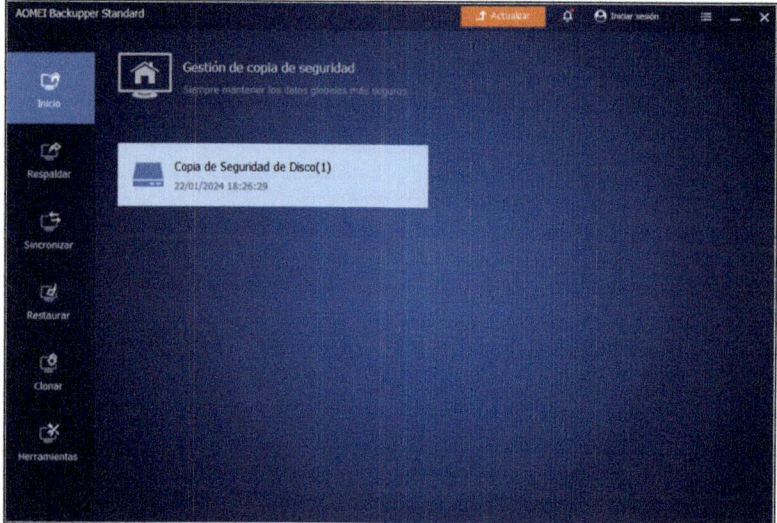

Pantalla principal de la herramienta AOMEI

En la pantalla anterior se localizan los siguientes botones:

- **Inicio.** Desde este botón se obtiene un resumen de las copias de seguridad recientes y opciones para la gestión de estas.
- **Respaldar.** Se pueden crear nuevas copias de seguridad. Para ello hay que seleccionar entre varios tipos de respaldo como del sistema, disco, partición o archivos.
- **Sincronizar.** Se puede sincronizar archivos y carpetas entre diferentes ubicaciones.
- **Restaurar.** Desde esta opción se pueden realizar la restauración de datos desde las copias de seguridad que existen en el programa.
- **Clonar.** Se pueden clonar discos o particiones, resulta muy útil para la migración de datos a un nuevo disco.

■ **Herramientas.** En esta opción se disponen de herramientas adicionales para la gestión de copias de seguridad, como pueden ser la creación de medios de arranque o la administración de las imágenes.

Como lo que se va a realizar es una clonación, hay que pinchar en el botón **Clonar** para obtener la siguiente pantalla:

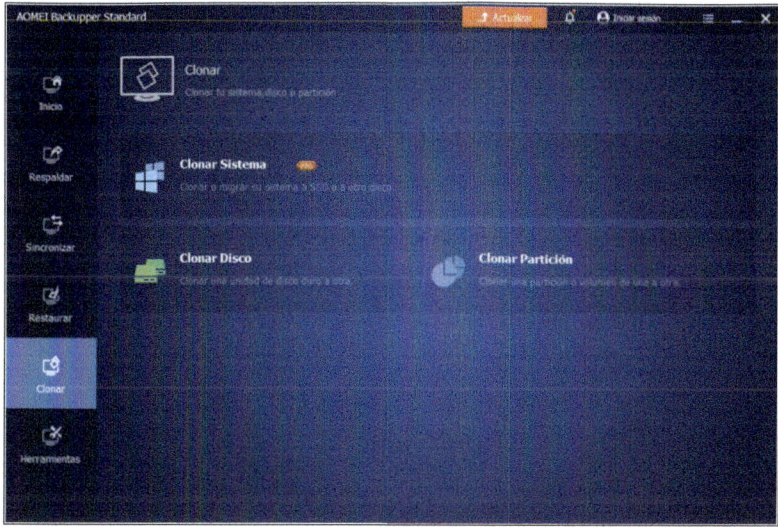

Pantalla de clonación de la herramienta AOMEI

En la pantalla anterior se pueden localizar las siguientes opciones:

■ **Clonar sistema.** Desde esta opción se podrá clonar o migrar el sistema operativo a un SSD u otro disco. Hay que anotar que está etiquetada con PRO dado que es una versión de pago.
■ **Clonar Disco.** Desde esta opción se podrá clonar una unidad de disco duro a otra. Es ideal para copiar todo el contenido de un disco a otro, un ejemplo se puede localizar en cuando se quiere actualizar a un disco más grande o a un SSD.
■ **Clonar Partición.** Desde esta opción se tiene la facilidad de clonar una partición específica de un disco a otra partición o a un volumen diferente.

En este caso, pulsar sobre **Clonar Disco** para obtener la siguiente pantalla:

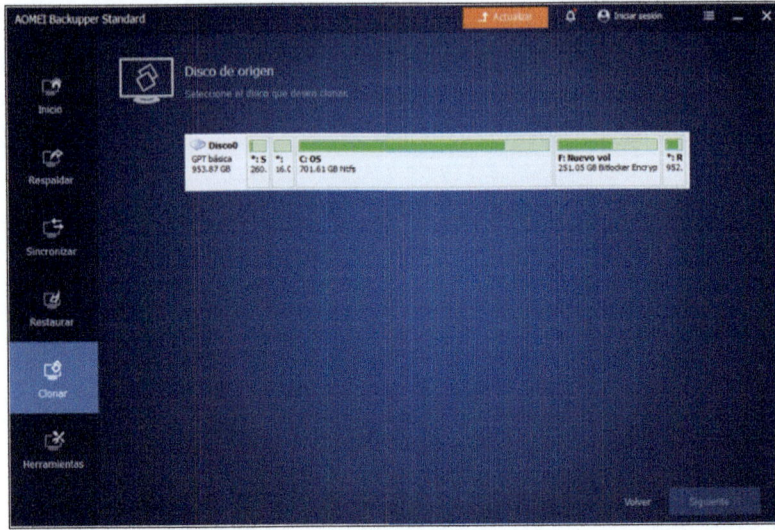

Proceso de clonación de disco

En la pantalla anterior se puede ver cómo en el sistema informático dispone de un disco duro principal que está compuesto por una serie de particiones, en este caso, seleccionar el disco duro entero para ser clonado y pulsar sobre **Siguiente**.

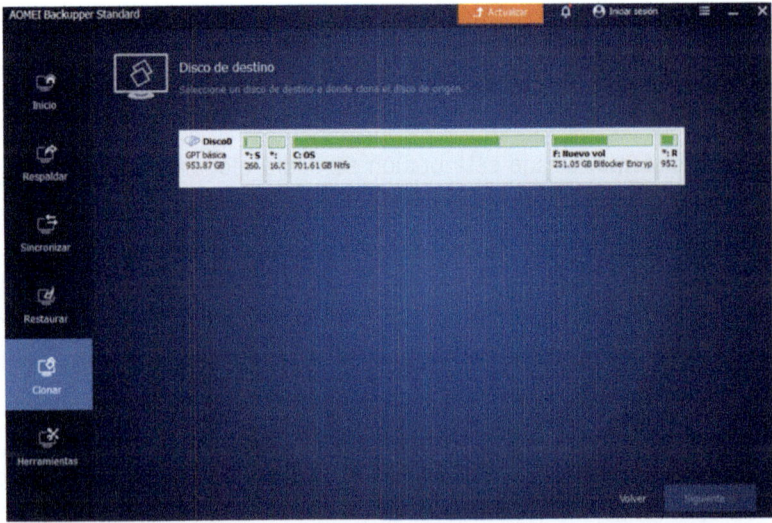

Pantalla de selección de la copia de origen

En la pantalla anterior habría que seleccionar un destino diferente del disco duro al que se quiere clonar y que como mínimo tenga una capacidad igual o superior al del que se está clonando. Una vez seleccionado, hay que pulsar en el botón **Siguiente** para que comience el proceso de clonado.

Para saber más

Si quiere realizar la misma operación pero con el *software* de AOMEI Asistente de Particiones puede consultar el siguiente enlace:

https://redirectoronline.com/uf04660302

3.6. Herramienta de clonación de discos duros. *hD Clone*

Gracias a esta herramienta se realizan sobre los discos duros procesos de *backup*, *recovery* y *cloning*. Dentro de este último apartado se observa:

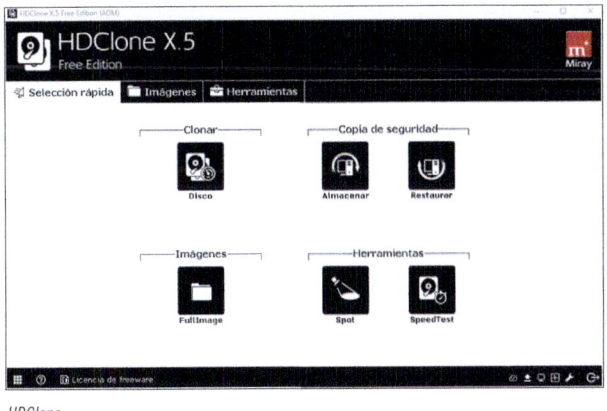

HDClone

En la pantalla principal de esta herramienta si se hace clic sobre **Clonar-Disco** se obtiene la siguiente imagen:

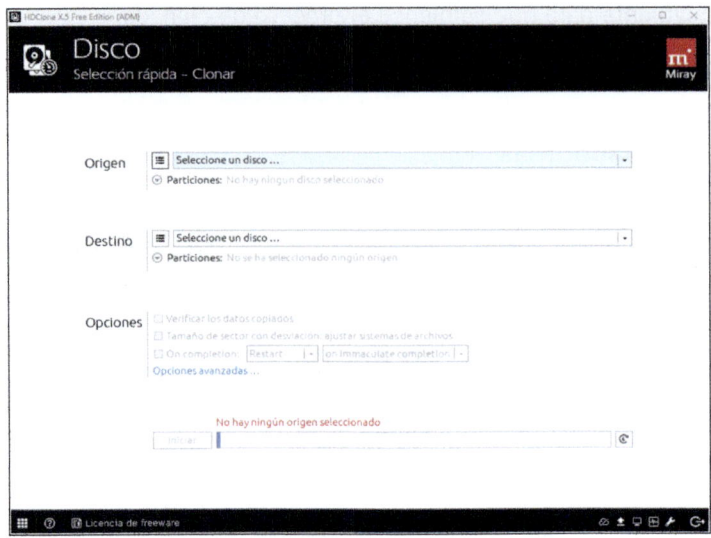

Clonación de discos duros con la herramienta HDClone

Donde **Origen** es el disco duro del cual se quiere realizar una clonación y **Destino** es el disco duro donde se quiere dejar la clonación del **Origen.** Además dispone de una serie de opciones alternativas. Una vez configurado **Origen** y **Destino** pulsar en **Iniciar** para realizar el proceso de clonación de discos duros.

4. CCleaner

En este apartado se muestra como limpiar el registro de *Windows* sin perjudicar al equipo. El programa presentado es *CCleaner.* Sirve para los siguientes cometidos:

- Limpiar datos temporales *(Microsoft Edge,* Explorador de Windows, sistema).
- Registro.
- Herramientas para desinstalar programas.
- Opciones de configuración del programa.

El siguiente ejemplo muestra cómo limpiar el registro con este programa. Cuando se limpia el registro con este programa lo que se pretende es buscar conflictos con: DLLs compartidas faltantes, extensiones de archivo inválidas, entradas de ActiveX y Class, tipo de librerías, aplicaciones, fuentes, rutas de aplicación, archivos de ayuda, instalador, programas obsoletos, ejecución en el inicio, clasificación del menú de inicio, caché y eventos de sonido.

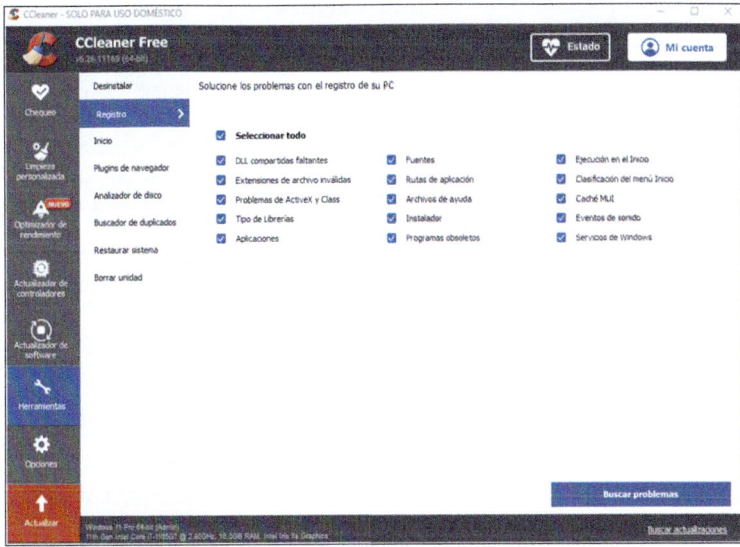

Limpieza del registro de Windows con CCleaner

Para comenzar a buscar problemas en el registro de *Windows* se pulsará en **Buscar problemas.** Una vez terminado, presenta la siguiente pantalla:

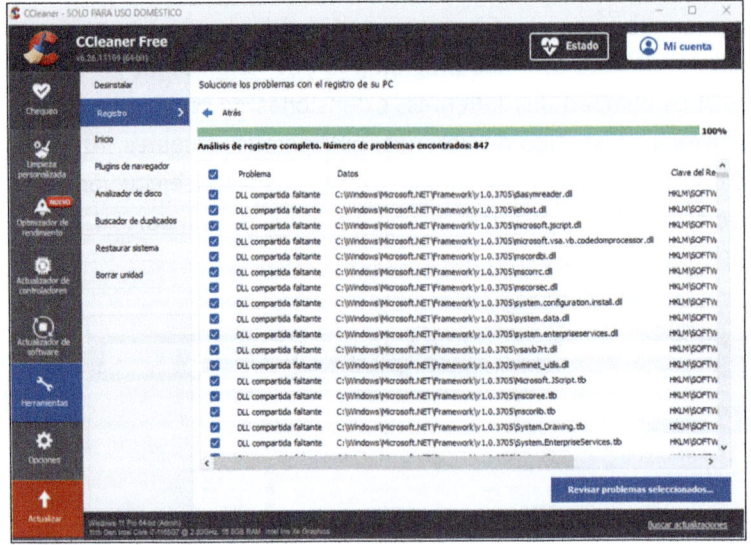

Problemas localizados en el registro de Windows

Ahora se pincha en la opción **Revisar problemas seleccionados** y el programa preguntará si se quiere guardar una copia de seguridad del registro (muy recomendado por si se generasen problemas intentando restaurarla).

Desde la opción de **Herramientas** se encuentra la siguiente pantalla:

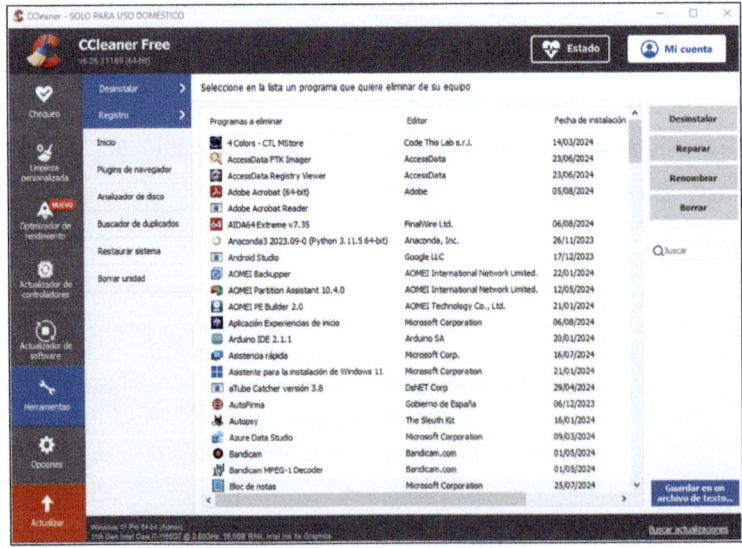

Opción de Herramientas de CCleaner

Las opciones son las siguientes:

- **Desinstalar programas:** permite quitar del equipo programas instalados.
- **Inicio:** permite activar o desactivar los programas que se cargan al inicio de *Windows* (justamente cuando aparece el escritorio de usuario).
- **Restaurar sistema:** en caso de hacer una actualización de seguridad de forma incorrecta se accedería al listado de esta opción, se localizaría y se eliminaría del equipo.
- **Borrar unidad:** desde esta opción se puede borrar de manera segura el contenido o espacio libre en un disco duro.

Desde la pestaña **Opciones** se puede ver la siguiente pantalla:

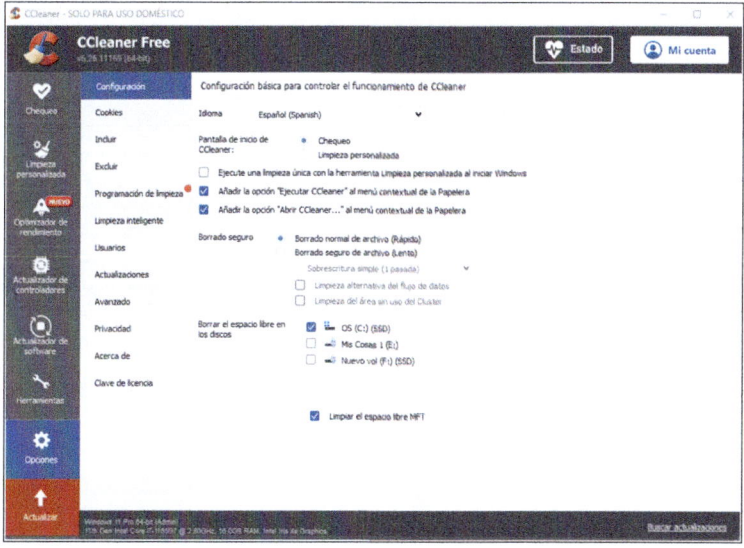

Parte Opciones de CCleaner

Con esta opción se accede a:

- **Configuración:** para poder definir cómo funciona esta aplicación.
- *Cookies:* para la gestión de las mismas, indicando cuáles se permiten y cuáles no.

- **Incluir:** desde aquí se pueden añadir las carpetas o archivos que se quieran eliminar de forma segura.
- **Excluir:** desde aquí se seleccionan los archivos, carpetas y entradas del registro que se desea eliminar.
- **Avanzadas:** configuración del programa para dar más información o configurarlo de forma experta.

5. Smart partition recovery

En este apartado se gestionan particiones **NTFS** en el caso de pérdida del MBR de una de ellas. Cuando esto sucede, no es posible tener acceso a los datos aunque se mantengan en el disco duro. A continuación se muestra la pantalla principal:

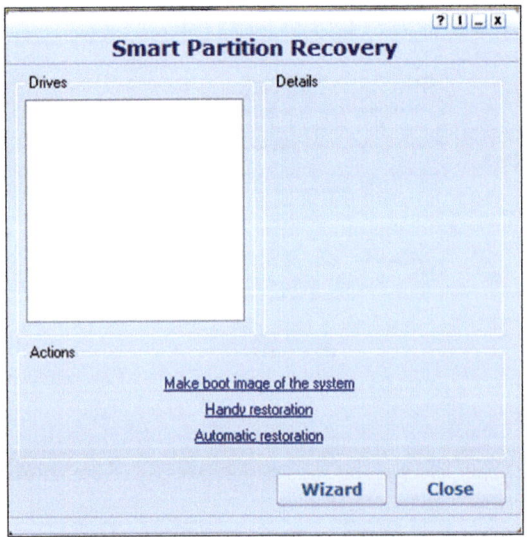

Smart Partition Recovery

Nota

El programa que seleccionado se llama *Smart Partition Recovery* que se encarga de hacer copias de las imágenes de los discos duros del sistema y restaurarlas en caso de que no se tenga acceso al disco.

En el listado de la izquierda se observan los distintos discos duros que el equipo tiene instalado, así como su sistema de archivos (FAT, NTFS) y su capacidad. Una vez mostrados estos datos, se selecciona el disco y se presiona sobre *Make boot image of the system*, tras esta acción, se introduce la ruta donde se quiere alojar la información de *backup*. Para restaurar la imagen simplemente se presionaría en *Handy Restoration* y se escogería el disco duro a restaurar.

Si se observa la imagen, se muestra el botón de **Wizard** que sirve para recuperar particiones perdidas.

6. Device Doctor

Device Doctor 1.0 es una herramienta para analizar el *hardware* y comprobar si hay nuevas actualizaciones de controladores disponibles. Facilita un listado del *hardware* instalado en el equipo junto con las posibles actualizaciones de seguridad. Tal y como se muestra en la imagen, la primera acción tras arrancar el programa es un escaneado de todos los drivers que hay en el sistema:

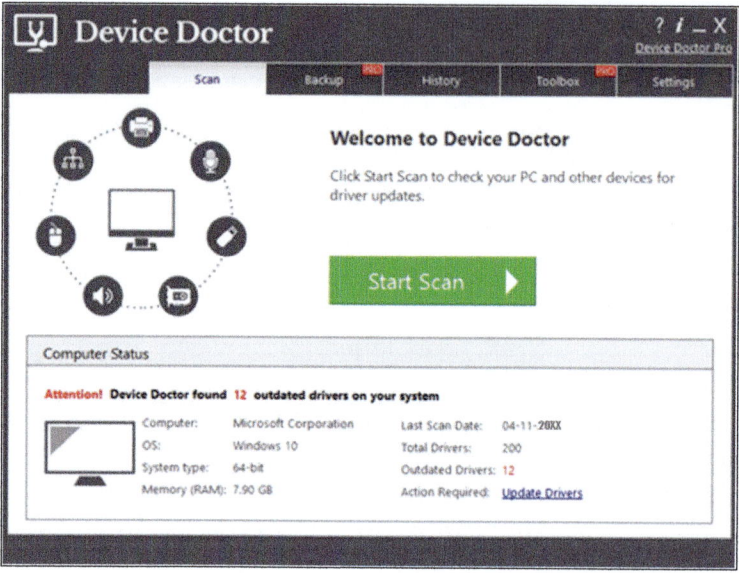

Device Doctor

Tras esta pantalla, se pinchará en el icono **Begin Scan** para proceder al escaneado:

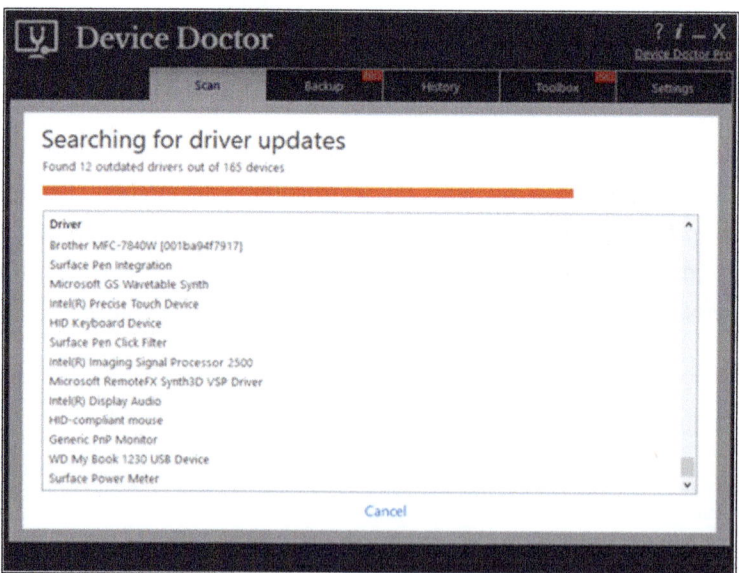

Device Doctor

Finalizada esta acción se indican que *drivers* están actualizados y cuáles no:

Device Doctor

En el caso de la imagen no se ha encontrado ningún *driver* desactualizado, con lo que no es necesario realizar otra operación. En el caso contrario simplemente se seleccionará el *driver* y se pinchará sobre el botón **Download Driver** para actualizarlo.

Desde la pestaña **Settings** se configuran los días en que se quiere realizar el escaneo.

7. FastCopy

FastCopy es un *software* rápido para copiar/eliminar en *Windows*. Sobre todo está destinado a las copias de seguridad indicando por pantalla datos básicos como la cantidad de megas leídos o escritos, el total de archivos, etc.

Pantalla principal:

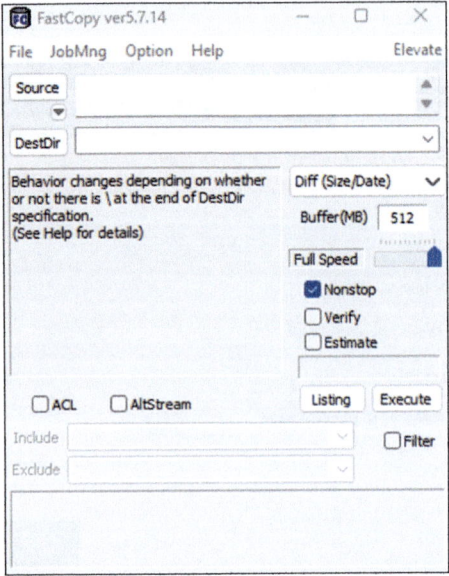

FastCopy

Desde el botón **Source** se establecen los discos, carpetas o elementos de los que se quiere realizar una copia de seguridad. Desde el botón **DestDir** se escoge el directorio de destino de la copia de esos datos Una vez establecidos estos directorios, simplemente se pincha sobre **Exectute** y comenzará a realizar la copia de seguridad. Anotar que esta copia no está comprimida.

 Nota

No tiene por qué ser el mismo disco duro del que se cogen los datos, sino que puede ser externo o incluso una unidad de red.

8. PowerIso

En primer lugar, activar la opción de unidad cd/dvd virtual (en la cual se cargará más adelante el archivo ISO para poder acceder a él). Para ello pasar por el menú **Tools,** y a continuación pinchar en la opción *Virtual Drive,* dentro de este menú escoger la opción de Set numbers of drivers y por último del menú se escogerá "1 Driver".

Una vez que se ha cargado la unidad virtual para cargar la imagen ISO se vuelve a pasar por el menú **Tools** por la opción de *Virtual Drivers* y a continuación escoger la opción etiquetada como *"Mount Image to Drive ..."* para obtener la siguiente pantalla:

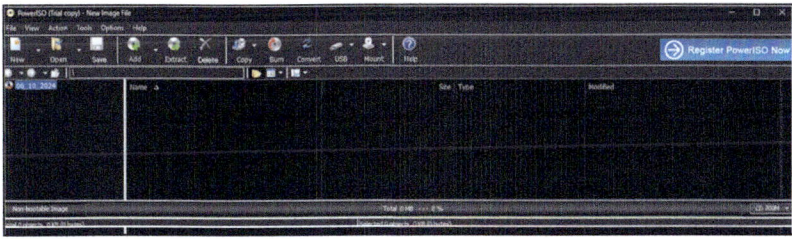

File Disk Mounter

En la pantalla anterior, simplemente localizar la imagen ISO, pulsar en el botón **Abrir** y tendremos listo el archivo iso para consultarlo desde el explorador de archivos de *Windows* y poder ver su contenido.

File Disk Mounter

Desde la opción *File to mount* se buscará la imagen o archivo ISO y desde *Drive letter* se establecerá la unidad (normalmente distinta a: a,b,c,d). Con *File type* se deja en su valor por defecto. Tras pulsar sobre la opción **OK** se tendría acceso a la partición en sí.

 Aplicación práctica

Imagine que le piden formatear un ordenador de sobremesa e instalarle un sistema operativo cualquiera. ¿Qué pasos se darían para intentar minimizar la secuencia de trabajo? Razone cada paso.

SOLUCIÓN

Primero se procedería al arranque del equipo y se le instalaría un programa como el Device Doctor que localizará y clasificará todo el *hardware* instalado en el ordenador. Con este programa se graba un informe detallado del *hardware* en una unidad externa (por ejemplo un *pendrive).* A continuación, se seleccionaría el sistema operativo a instalar en el equipo. Una vez instalado se comprobaría que se ha detectado todo el *hardware* correctamente. En el caso de que fuera así se localizarían por internet los *drivers* asociados a dicho *hardware.*

 Aplicación práctica

Imagine que el disco duro del ordenador hace un ruido extraño y funciona muy lentamente. ¿Qué razonamiento básico daría para estar seguro de que ese disco trabaja de forma adecuada? Razone brevemente la respuesta.

SOLUCIÓN

Para asegurar que el disco duro funciona correctamente se tendría que ejecutar alguna aplicación que permita analizar el estado del disco, su velocidad, el acceso a los datos, etc. También se buscarían sectores defectuosos con las mismas herramientas y en el caso de encontrarlos se procedería a su reparación.

Aplicación práctica

Usted forma parte del departamento de mantenimiento informático de una empresa. La corporación cuenta en su haber con más de 500 ordenadores que debe mantener en el mejor estado posible. ¿Cuál sería el esquema de trabajo para tener los ordenadores clasificados y poder saber rápidamente si un *software* o un *hardware* son compatibles con dichos equipos?

SOLUCIÓN

Se tendrá que hacer uso de herramientas de testeo de *software*, de *hardware,* de sistema operativo instalado, etc., a fin de obtener un informe completo de cada equipo con los componentes asociados a ellos. Este listado se guardará en un medio de almacenamiento externo *(pendrive*, CD/DVD, HD, etc.) para que cuando un equipo de problemas se acceda rápidamente a sus características.

9. Resumen

En este capítulo se han detallado herramientas de *software* de libre distribución *(freeware)* que van a permitir testear/comprobar el sistema informático desde varios niveles. Estos niveles son los siguientes:

- Antivirus.
- Herramientas de copia de seguridad.
- Herramientas para BIOS/CMOS.
- Herramientas para navegadores/gestores de archivos.
- Limpiadores.
- Herramientas de controladores de dispositivos.
- Editores y visores de archivos.
- Herramientas de archivos del sistema.
- Herramientas para discos duros.
- Herramientas para el *Master Boot Record*.
- Herramientas para MS-DOS.
- Herramientas de red.
- Optimizadores.

- Herramientas de particionado.
- Herramientas de contraseñas.
- Herramientas de procesos.
- Herramientas de recuperación.
- Herramientas de registro.
- Herramientas de control remoto.
- Herramientas de seguridad y encriptación.
- Herramientas de arranque.
- Herramientas de información del sistema.
- Herramientas de testeo.
- Herramientas de ajuste *(Tweakers)*.
- Otras herramientas.

Ejercicios de repaso y autoevaluación

1. *Freeware* es...

    a. ... un *software* por el que hay que pagar.
    b. ... un *software* por el que no hay que pagar.
    c. ... una versión demostrativa del programa.
    d. Todas las opciones son incorrectas.

2. ¿Para qué sirve el programa SpyBoot & Search?

    a. Para hacer un análisis del estado de los *drivers* del equipo.
    b. Para formatear a bajo nivel un disco duro.
    c. Para desfragmentar un disco duro.
    d. Para realizar una limpieza de archivos temporales y obtener espacio en disco.

3. ¿Para qué sirven las herramientas antivirus y cleaners?

    a. Para desinfectar al sistema de virus, gusanos, troyanos, *malware*, etc.
    b. Para realizar una actualización sobre los *drivers* del equipo.
    c. Para realizar una copia de seguridad del disco duro.
    d. Para llevar un control sobre los usuarios del equipo.

4. Gracias al programa RegBak se puede...

    a. ... comprobar el estado de los valores de la placa base.
    b. ... hacer imágenes ISO.
    c. ... hacer copias de seguridad del registro de *Windows.*
    d. Todas las opciones son incorrectas.

5. El *software* libre...

    a. ... únicamente está disponible en *Windows.*
    b. ... no puede ser usado en *Linux.*
    c. ... no puede ser usado en cualquier equipo.
    d. ... puede ser usado en cualquier equipo y con cualquier sistema operativo.

6. El *software* Diskspeed...

    a. ... elimina de forma permanente todo el contenido del disco duro.
    b. ... sirve para clonar copias de seguridad.
    c. ... elimina particiones de forma temporal.
    d. Todas las opciones son incorrectas.

7. Usando programas adecuados se pueden recuperar archivos de un disco duro eliminados si...

    a. ... previamente se ha realizado una clonación del mismo.
    b. ... previamente se ha realizado una copia de seguridad del mismo.
    c. ... se usan herramientas de recuperación de archivos.
    d. Todas las opciones son incorrectas.

8. Los archivos con extensión ISO...

    a. ... se refieren a archivos comprimidos con mucha información.
    b. ... son archivos temporales del sistema operativo.
    c. ... son archivos temporales generados por la conexión a internet.
    d. Todas las opciones son incorrectas.

9. Para los sistemas operativos de la familia Linux...

    a. ... el *software* libre es de previo pago.
    b. ... los sistemas operativos *Linux* no pueden instalar *software*.
    c. ... se dispone de *software* libre como si de otro sistema operativo se tratara.
    d. ... no tiene *software* libre disponible.

10. En cuanto a los *drivers*...

    a. ... no es necesario proceder a su actualización.
    b. ... es conveniente que estén actualizados a la última versión.
    c. ... de su actualización se encarga BIOS.
    d. Todas las opciones son incorrectas.

Bibliografía

Monografías

ANQUITA López, M., PRIETO Espinosa, A. y ORTEGA Lopera, J.: *Arquitectura de computadores.* [s. l.]: Ed. Thomson Paraninfo S. A., 2005.

CARRETERO Pérez, J. [et al.]: *Sistemas Operativos: Una visión aplicada.* [s. l.]: Ed. Mcgraw-Hill, 2001.

DE MIGUEL Anasagasti, P.: *Fundamentos de los computadores.* [s. l.]: Ed. Thomson Paraninfo S. A., 2000.

EGGELING T. y FRATER H.: *Ampliar, reparar y configurar su PC.* [s. l.]: Marcombo S. A., 2003.

GARCÍA Martínez, J.: *Ejercicios de fundamentos de computadores y periféricos.* Universidad de Oviedo: Servicio de publicaciones, 2003.

PATTERSON, D. A. y HENNENSSY, J.L.: *Estructura y diseño de computadores.* Editorial Reverte, 2000.

PEÑA Tresancos, J. y VIDAL Fernández, Mª C.: *Introducción a la informática.* [s. l.]. Ed. Mcgraw-hill/Interamericana de España S. A., 2004.

Textos electrónicos, bases de datos y programas informáticos

❚ Microsoft memory diagnostic, de: <https://www.microsoft.com/en-us/surface/do-more-with-surface/how-to-use-windows-memory-diagnostic>.

❚ Slice of Linux. Blog de Información sobre *Linux,* de: <https://sliceoflinux.wordpress.com/>.

❚ Xataka Basics. UEFI y BIOS: ¿Cuáles son las diferencias?, de: <https://www.xataka.com/basics/uefi-y-bios-cuales-son-las-diferencias>.